家国情怀 6

JIAGUO QINGHUAI

主编 任建欣

编 委 会

亲爱的同学，当你打开这本书时，你就开启了一段惬意的旅程。从相遇、相知，到相伴前行，淡淡的书香将一直萦绕在你身边。

初中阶段，你已经读过许多名篇佳作，在充满智慧和温情的文字浸润中，语文素养自然会得到提升。但面对神秘奇幻的自然、日新月异的社会、渐趋丰盈的人生，仅仅是课堂上阅读的文章，恐怕很难再满足你的需求，你的阅读理应更广泛、更专业。如何让课内外读物有机融合成滋养你成长的沃土？如何让点滴的阅读收获汇聚成助推你遨游书海的动力？为此，我们邀请了全国各地的名师，精选文章，为你搭建大量阅读、高效阅读的平台。

于是，便有了摆在你面前的这本书。

这本书分为经典诵读、主题阅读、整本书阅读三个板块。

第一个板块是“经典诵读”，所选古诗词都具有经典阅读价值。针对诗词中可能会给你造成阅读障碍的生字难词，我们增加了读音和注释，且辅以专业诵读音频和鉴赏资料供你随时赏听或查阅。你可以利用每天的晨读或其他课余时间反复诵读，只要持之以恒地阅读，假以时日，定能厚积薄发。

第二个板块是“主题阅读”，我们精心挑选了几组文章，聚焦主题，帮助你进行专题探究。其中，“范文阅读”有批注和学习提示，方便你边阅读边思考，掌握这一类文章的阅读方法，并能进行拓展运用。“组文阅读”有单元学习任务，帮助你对一组文章进行整合阅读、比较鉴赏，从碎片化到结构化，在阅读中积累语言、拓展思维，提升核心素养。带有“自由阅读”标签的文章，你可以根据自己的需要、兴趣自主选择阅读，多读、少读，深读、浅读皆可，如能养成边读边做批注的习惯，你会收获更多。带有“类文阅读”标签的是一组与写作要求相匹配的文章，旨在提供写作思路，激发你的创作灵感。这组文章的首篇附有旁批，为你的写作实践提供技巧点拨。

“整本书阅读”设计了“阅读导航”“精彩选篇”“阅读规划”“交流平台”等助读工具，旨在激发你的阅读兴趣，帮助你掌握科学的阅读方法，从而有计划地开展整本书阅读。

愿这本书伴随你度过阅读的美好时光，与经典交流，与大师对话，帮助你积累知识，开阔视野，提升素养，成为睿智优雅、阳光自信的中国好少年！

经典诵读

第一单元　勇者印记

第二单元　太空探索

第三单元　科幻华章

第四单元　实践求真

范文阅读

组文阅读

第五单元　语言简明

类文阅读

第六单元　中国精神

整本书阅读

踏一条平平仄仄的幽径，咏一阕抑扬顿挫的辞章，让心灵开始一次雅韵悠长的旅程。从《诗经》到宋词，从田园到边塞，从婉约到豪放，从现实主义到浪漫主义……那些或率真质朴、或清幽缠绵、或慷慨刚健、或隽永蕴藉的诗句，寄托了中华儿女的家国情怀，传承着博大精深的中华文明。

有了诗词的濡染，我们的语文学习自当渐入佳境；有了经典的浸润，我们的语文生活定会异彩纷呈。

扫码收听朗诵音频

1. 赋得自君之出矣[1]

⊙〔唐〕张九龄

自君之出矣，不复理残机[2]。
思君如满月，夜夜减清辉[3]。

赏析

这首小诗写得既含蓄婉转，又真挚动人。所用比喻美妙熨帖，想象新颖独特，饶有新意，给人以鲜明的美的感受。整首诗显得清新可爱，充满浓郁的生活气息。

诗歌表现了妻子对丈夫的思念之情。“残机”二字道破了丈夫离家之久以及妻子的落寞冷清和思念之深。“思君如满月，夜夜减清辉”是一个很新巧的譬喻，以月喻人。月到十五为满月，以后一天天变小，光泽也减弱，用来拟人因相思而瘦。贺贻孙《诗筏》说：“‘满’字、‘减’字，纤而无痕，殊近乐府，此题第一首诗也。”此两句意谓思妇日夜思念，容颜憔悴，宛如那圆月在逐渐减弱清辉而变成缺月。

---

① 凡摘取古人成句为题之诗，照例往往在题目前加上“赋得”二字。“自君之出矣”是一个乐府旧题，东汉诗人徐幹有一首《室思》诗，结尾有“自君之出矣，明镜暗不治。思君如流水，何有穷已时”。后来很多人都仿照它写乐府歌辞，张九龄也是吟咏这个乐府旧题，所以叫“赋得自君之出矣”。

② 残机：残破的织机，暗示良人离家已久，女主人长时间没上机织布了。

③ 清辉：明亮的月光。

扫码收听朗诵音频

2. 闺意献张水部[①]

⊙〔唐〕朱庆馀

洞房昨夜停红烛[②]，待[③]晓[④]堂前拜舅姑[⑤]。

妆罢[⑥]低声问夫婿，画眉深浅[⑦]入时无[⑧]？

① 这首诗又题为《近试上张水部》，张水部就是张籍，以擅长文学和乐于提拔年轻人著名。

② 停红烛：让红烛点着，整夜不灭。

③ 待：等待。

④ 晓：拂晓。

⑤ 拜舅姑：拜见公婆。

⑥ 妆罢：梳妆完毕。

⑦ 深浅：指眉画得是浓还是淡。

⑧ 入时无：是否合时宜，其实是说能否讨公婆喜欢。

要读懂这首诗，我们必须了解两点：一是古代很早就以夫妻或男女爱情关系比拟君臣、朋友、师生等关系，所以作者采用了这个传统表现手法征求老师的意见。二是唐朝有科举士子向名人行卷的风气，以求得到颂扬和介绍。朱庆馀的这首诗就是在这种情况下写成的。此诗构思最妙之处在于选择了一个绝好的生活场景，那就是洞房夜后的拂晓。按古代习俗，新娘子要在新婚第二天早晨拜见公婆，那么能否讨公婆喜爱，全在这初次露面，所以新娘子一早就起来装扮，但心中还没底，只好含羞去问一问丈夫的意见。此景之生动传神，让人心动。作者将它呈于当朝名人张籍，委婉含蓄地道出自己紧张的心理，一石投出，静闻水声，真是妙极。张籍读后大为欣赏，写了一首《酬朱庆馀》作答："越女新妆出镜心，自知明艳更沉吟。齐纨未足时人贵，一曲菱歌敌万金。"

朱庆馀是越州人，张籍把他比成美貌的越州采菱女子，说他一串珠喉敌万金，无疑是对他的赞誉和安慰。两人这一赠一答珠联璧合，在交往应答诗中可谓独领风骚。

扫码收听朗诵音频

3. 贫交行

⊙〔唐〕杜甫

翻手为云覆手雨，[①] 纷纷轻薄[②]何须数。

君不见管鲍贫时交[③]，此道[④]今人弃如土。

赏析

此诗约作于天宝中作者献赋后。由于困守京华，作者饱谙世态炎凉、人情反复的滋味，故愤而为此诗。

诗为何以“贫交”命题？贫贱方能见真交，而富贵时的交游则未必可靠。诗歌首句即以凝练、生动的语言统摄全篇。此诗作“行”，却只有四句，可谓语短而恨长，能如此，是因为它发唱惊挺，通过正反对比手法和夸张语气的运用，反复咏叹，造成了“慷慨不可止”的情韵，吐露出心中郁结的愤懑与悲辛。

---

① 翻手为云覆手雨：此句给人以势利之交“诚可畏也”的感觉。得意时便如云之趋合，失意时便如雨之纷散，翻手覆手之间，忽云忽雨，其变化迅速无常。

② 轻薄：轻浮刻薄，不厚道。

③ 管鲍贫时交：《史记》载，管仲早年与鲍叔牙相交，鲍知其贤。管仲贫困，曾欺鲍叔牙，而鲍终善遇之。后来鲍事齐公子小白（即后来的齐桓公），又荐举之。管仲遂佐齐桓公成霸业，他感喟说：“生我者父母，知我者鲍叔也。”

④ 此道：指管、鲍的交友之道。

扫码收听朗诵音频

4. 闺　情

⊙〔唐〕李端

月落星稀天欲[1]明，孤灯未灭梦难成。

披衣更[2]向门前望，不忿[3]朝来鹊喜声[4]！

这首诗描写了一位闺中少妇急切盼望丈夫归来的情景，写得含蓄细腻、情感真挚。

首句描绘黎明前的室外环境，为第二句蓄势：孤灯闪烁，女主人公渴望能做一个团圆的好梦，却事与愿违，彻夜未眠。黎明时分的一阵喜鹊鸣叫声，燃起了她的希望，于是披衣至门前伫望，却不见丈夫归来，转而埋怨鹊声空报喜。这里不怨丈夫不归，却埋怨喜鹊的叫声不灵验，更深一层地反映了女主人公对丈夫的思念之情。

---

① 欲：将要。

② 更：又。

③ 不忿：不满，恼恨。

④ 鹊喜声：喜鹊的叫声，古代有喜鹊报喜的民间传说。

5. 淮中晚泊犊头[1]

⊙〔宋〕苏舜钦

春阴[2]垂野[3]草青青，时有幽花[4]一树明。

晚泊孤舟古祠下，满川[5]风雨看潮生。

这是一首很有名的借景抒情的七言绝句，写的是诗人乘舟行进在淮水上，傍晚时乌云四起，但仍看到草青花明。诗人泊舟犊头，风雨之夜看到了正在涨起的潮头。结合诗人身世，阴云、风雨显然象征着黑暗的政治局势，而青草、花树，却透出若干光明，看潮生则是诗人不甘沉沦、心绪涌动的象征。这首诗写景暗中透亮，景中含情，语言自然流畅，很有气势。

---

① 犊头：淮河岸边的地名。

② 春阴：春天的阴云。

③ 垂野：笼罩四野。

④ 幽花：这里指雅致好看的花。

⑤ 满川：整个淮河河面。

6. 天仙子[①]

⊙〔宋〕张先

时为嘉禾[②]小倅[③]，以病眠，不赴府会。

《水调》数声持酒听，午醉醒来愁未醒。送春春去几时回？临晚镜[④]，伤流景[⑤]，往事后期空记省[⑥]。

沙上并禽[⑦]池上暝[⑧]，云破月来花弄影。重重帘幕密遮灯，风不定，人初静，明日落红[⑨]应满径。

---

① 天仙子：唐玄宗时教坊曲名，后用为词调。

② 嘉禾：宋时郡名，即秀州，治所在今浙江省嘉兴市。

③ 倅（cuì）：副职。张先时任秀州通判，为知州掌文书的佐吏，故云。

④ 临晚镜：傍晚临镜自照。

⑤ 流景：如流水般消逝的时光。

⑥ 记省：记得，明白。

⑦ 并禽：成对而栖的鸟儿。此指鸳鸯。

⑧ 暝：日暮。

⑨ 落红：落花。

此词是张先广受赞誉的佳作之一。词的内容在伤春之中兼寓伤别，表达了词人对流光易逝、人事无凭的嗟叹。

词以时间为序，上片由午及晚，写词人的愁闷无聊。词人先写浓重的排遣不去的愁苦，而后再交代愁苦之因，因而词显得蕴藉含蓄，给读者留下广阔的想象空间。下片则专写晚景，即景生情。着意通过生动妩媚的形象，细腻地传达出一天将尽时领会到的即将流逝的盎然春意这一曲折复杂的心情，在描绘月夜美丽幽静景色的同时，流露出惜花伤春之情。与上片相互照应，构成整体。

这首词内容并不新鲜，但能情景交融，其中“云破月来花弄影”一句，尤以绘景如画著称，“破”“弄”两个字写得极其生动细致，将夜晚那静谧却又灵动的感觉传神地表达了出来。

扫码收听朗诵音频

7. 蝶恋花

⊙〔宋〕欧阳修

庭院深深深几许[①]？杨柳堆烟[②]，帘幕无重数[③]。玉勒雕鞍[④]游冶处[⑤]，楼高不见章台[⑥]路。

雨横[⑦]风狂三月暮[⑧]，门掩黄昏，无计[⑨]留春住。泪眼问花花不语，乱红[⑩]飞过秋千去。

---

① 几许：多少。

② 堆烟：形容杨柳浓密。

③ 无重（chóng）数：“无数重”的意思。

④ 玉勒雕鞍：精美的马具。勒，马笼头，这里借指女主人公的骑马外出游乐的丈夫。

⑤ 游冶处：游乐的地方。

⑥ 章台：汉代长安城中一条街道的名称，诗词中常作为游冶之地的代称。

⑦ 雨横（hèng）：急雨、骤雨。

⑧ 三月暮：三月将尽的时候。

⑨ 无计：没有办法。

⑩ 乱红：落花。

赏析

此词抒写闺怨，意境深远。追溯其渊源，此前，温庭筠有“百舌问花花不语”（《惜春词》）句，严恽也有“尽日问花花不语”（《落花》）句，欧阳修结句或许由此脱化而来，但不仅语言更为优美，意蕴更为深厚，而且境界之浑成与韵味之悠长，也远过于温、严原句。

上片重写景。首句三个“深”字，揭示出了女主人公与世隔绝的境况，更兼“帘幕”重重，“杨柳堆烟”既浓且密，生活在这种内外隔绝的幽邃环境中，女主人公身心两方面都受到压抑与禁锢，不但暗示了女主人公的孤身独处，而且有心事深沉、怨恨莫诉之感。显然，女主人公的物质生活是优裕的，但她精神上的极度苦闷，也是不言自明的。“玉勒雕鞍”两句由景入情，逐层深入地展示了现实的凄风苦雨对其芳心的无情蹂躏：情人薄幸，游冶不归；春光将逝，年华如水。

下片重写情。“雨横风狂”，催送着残春，也催送着女主人公的芳华。她想挽留住春天，但风雨无情，留春不住。于是她只好把感情寄托到命运同她一样的花上，篇末“泪眼问花”，实际含泪自问。“花不语”，也非回避答案，“乱红飞过秋千去”，不是比语言更清楚地昭示了她面临的命运吗？在泪光莹莹之中，花如人，人如花，最后花、人莫辨，同样难以避免被抛掷遗弃而沦落的命运。这种完全用环境来暗示和烘托人物思绪的笔法，深婉不迫，曲折有致，真切地表现了生活在幽闭状态下的贵族少妇难以明言的内心隐痛。

扫码收听朗诵音频

8. 赤日炎炎似火烧①

赤日炎炎似火烧，野田②禾稻半枯焦。

农夫心内如汤③煮，公子王孙把扇摇。

此诗的字面意思是：夏天，火红的太阳晒得地面滚烫，田野里的稻苗都被晒得干枯焦黄了。农民们急得心里好像浇了开水，财主老爷们却不慌不忙地摇着扇子在乘凉。

此诗在《水浒传》第十六回中是挑酒人唱的一首歌，恰好唱入众军汉耳中。上两句写天热之苦，下两句写人之不相体恤，犹言农夫当午在田，背焦汗滴，那些公子王孙却深居高楼之上，犹令侍人展扇摇风，比喻押送生辰纲的众军士身负重担，反受空身行走的杨志打骂。

① 此诗出自《水浒传》第十六回“杨志押送金银担 吴用智取生辰纲”。赤日，烈日。

② 野田：田野。

③ 汤：开水。

勇者印记

人类发展史上出现了一批又一批勇敢的探险家，从高峻的山峰到深邃的海底，从浩瀚的大洋到茫茫的宇宙，哪里有奥秘，哪里就有他们的足迹。他们一生所追求的事业就是探险。为了探寻人类未知的领域，为了开拓人类生存的空间，为了收集珍贵的第一手资料，他们跋山涉水，风餐露宿……探险过程中的任何艰难险阻，都打消不了他们探索未知世界的激情，阻挡不了他们迈向全新领域的脚步。这是一群坚毅执着的人，一群敢于挑战极限的人，是他们打开了自然界一扇扇紧闭的门窗，让我们知道了世界的广阔与奥秘。

阅读本单元文章，重点学习浏览。浏览时，可以一目数行地扫视文章段落，迅速提取文章的主要信息。还要在阅读中体验人类与生俱来的永不停息的探险精神，提出自己的思考和质疑。

1. 越过大洋的第一次通话

⊙〔奥地利〕茨威格

快速浏览文章。本文约2800字，尽可能在7分钟内读完。

准　备

怀着不可思议的精力，菲尔德投入到了这一项目中。他和所有的专家建立了联系，恳求政府给予许可，并在欧美两大洲发起了集资运动，以获取必需的资金支持。而这个完全名不见经传的人身上所发出的冲击力是如此强大，其内心的信念是如此执着，他对电作为一种新的神奇力量所怀有的信心是如此坚定，以至于在短短几天时间之内，他就在英国筹得了35万英镑的原始启动资金。其实，为了创办这家电报建设与维护公司，只要将利物浦、曼彻斯特和伦敦最富有的商人召集起来就足够了，资金便会随之涌入。人们甚至可以在认购股份者的名单上找到萨克雷和拜伦夫人的名字，但他们完全没有任何商业目的，纯粹出于道义上的热情推动这个项目。仅仅一声号召，就能为一项完全幻想的冒险行动筹集到一大笔资金，除此之外，没有什么能更形象地说明这种笼罩在英国的、对所有技术和机器怀有的乐观主义，这种在史蒂文森、布鲁内尔以及其他伟大工程师时代鼓舞了英国的乐观主义。

结合全文内容看，你如何理解这是一项“完全幻想的冒险行动”？

但是，在开始阶段，唯一能确定的大概就只有这铺设电缆所需的花费。至于根本上的技术实施问题，却完全无前例可效仿。在19世纪，人们还从未想过或计划过类似的工程。而铺设横跨整个大西洋电缆的工程又怎么能和在多佛尔和加来之间铺设的那条水下电线相比呢？后者只需在一艘普通明轮汽船的露天甲板上卷下30到40英里长的电线，电线缓慢滚动下沉，就像从绞盘上放下锚索一样。在海峡铺设水下电线，人们可以不急不躁地等待风平浪静的一天，人们也清楚知道海面到海底的深度，也总是能够看见一侧或另一侧海岸，这样，也就能规避任何危险的意外。一天时间之内，就能轻轻松松地架设起两岸间的联系。而在铺设跨大西洋电缆时，却需要不间断地航行三个星期的时间，比水下电线长100倍、重100倍的线圈也不能放置在露天甲板上，还要考虑到可能出现各种恶劣天气。此外，当时的船也不足够大，船舱根本放不下这由铁、铜和古塔橡胶制成的巨大的“茧”。而且，一艘船根本不足以承载如此大的重量，所以至少需要两艘船，这两艘主船还必须有其他船只跟随，以便能遵循最短航线，并在发生意外事故时，为主船提供协助。为此，英国政府出动了其最大军舰之一——曾在塞巴斯托波战役中充当旗舰的“阿伽门农号”；美国政府出动了一艘载重5000吨的驱逐舰（这在当时是最大的载重量）——“尼亚加拉号”。但这两艘船首先必须进行特殊的改造，以使每艘船各能承载这连接大陆两端的、无限长的电缆的一半。可是，最主要的问题还是电缆本身。现实技术对这条连接世界两大洲的巨大“脐带”提出了难以想象的要求。因为，电缆本身既要如钢绳般坚固不易断，又要具有弹性，以便容易铺设；它既要能承受各种压力，又要能承载各种负重，并能如蚕丝般光滑易卷；它必须是实心，但又不能塞得太满；一方面要质地坚硬，另一方面要十分精密，以保证最微弱的电流能传

“难以想象的要求”具体指什么？

输到2000多英里的距离外。这一庞然大物任一位置上的一个最小裂口或者一个最小凹凸，都能摧毁这航程需要14天的线路上的传输工作。

但是，人们勇敢尝试了！工厂的机器日夜运转以制造这种电缆，人们似魔鬼般的意志推动着所有齿轮向前。为了制作这条电缆，整座铁矿铜矿山都被开挖殆尽；为了制造如此长距离的古塔橡胶外壳，整片橡胶树林也都流汁奉献。为纺成这样一条电缆，耗费了36.7万英里长的金属线，这长度可以绕地球14圈，拉成一根线，也可以将地球和月亮连接起来——除此之外，没有什么比喻能更形象地描述这一任务的艰巨性。自巴别塔建立以来，人类在技术意义上还从未冒过比这更大的风险。

形象的语言、具体的数据表明这一任务的艰巨性。

…………

第三次航行

带着苍白的脸等待着，伦敦的股东们已经从他们的经理，也可以说是诱骗者赛勒斯·韦斯特·菲尔德那里得知了这个不幸的消息。两次失败的航行耗费了一半的资金，却什么都无法证明，什么收获都没有，而当大多数人只是说："已经够了！"这也是情有可原的。公司董事长建议，应该挽救那些还可以挽救的。他主张将剩下还未使用的电缆从船上取下来，在不得已时，即使有亏损，也要将其卖出，但随后也就打乱了本已糟糕的跨洋计划。紧接着，副董事长也发出了书面辞职报告，表示自己与这一荒谬的公司不想再有任何瓜葛。但赛勒斯·韦斯特·菲尔德的坚韧与理想主义却从未动摇。他解释道，什么都没有失去。电缆本身已经出色地通过了考验，长度也足够接至岸上，完全可以进行新的尝试，船队被集结起来，船员也都招雇到了。虽然上一次航行遇到了恶劣的风暴天气，但现在，却是可以期待有更晴朗、更风平浪静天气的时节。勇气，再次需要勇气！机不可失，时不再来，要勇于做最后一次尝试！

坚韧、乐观、勇敢促使菲尔德做最后一次尝试。

股东们看起来总是怀疑不定：他们真的应该把已经投入的资金的最后一部分交付给这个傻瓜吗？但是，坚定的意志总是能推动着那些犹豫的人向前，所以在赛勒斯·韦斯特·菲尔德的促使下，船队再次出航。1858 年 7 月 17 日，第二次航行失败五周后，船队第三次驶离英国港口。

现在，前人的经验再次应验：最关键的事

件几乎总是在不受关注的情况下成功。这次启航没有受到任何关注：没有汽艇、没有小船绕行在舰队周围，给予其美好祝福，没有人群聚集在沙滩上，也没有举办盛大的饯行晚宴，没有致辞……像是要去开展一次海盗行动，船队胆怯而又沉默地出发了，但是他们却很快乐地期待着见到大海。就在约定的那一天，7 月 28 日，船队驶离昆士敦 11 天后，“阿伽门农号”和“尼亚加拉号”得以在大洋中部约定的地点开展重要工作。

一幅奇特的景象出现——两艘船转了个方向，船尾对船尾。在两艘船之间，将电缆的端头连接在一起。没有任何仪式，甚至船上的人对整个过程都没有投以太多兴趣（经过数次失败的尝试，他们都已处于十分厌倦的状态），由铁和铜制成的粗电缆就在两艘船之间慢慢下沉，直至最深处，直至尚未经过测深锤勘探过的大洋底部。然后人们在甲板间、旗子间传递问候，英国的船舰向英国行驶，美国的船舰则驶向美国。在两艘船像无穷大海中两个移动的点一样驶离对方的时候，电缆却使其始终处于联系状态中——这是有史以来第一次，两艘船

面对失败与质疑，菲尔德没有放弃，并最终取得了成功，你觉得他成功的因素有哪些？结合全文简要分析。

跨过风浪，超越时间和空间，在互相看不见的情况下仍能保持相互联系。每过几个小时，其中的一艘船都会通过从大洋深处传来的电信号报告自己已驶离的英里数，同时，另一艘船每次都会确认，得益于好天气，它也同样行驶了相同的距离。

就这样，一天过去了，第二天、第三天、第四天也过去了……8 月 5 日，铺设了 1030 多英里的电缆后，“尼亚加拉号”终于可以报告说，他们已经到了纽芬兰的三圣湾，美国海岸近在眼前；同时，“阿伽门农号”也欢呼，他们同样确定已在海底铺设了 1000 多英里的电缆，现在，也看到了爱尔兰海岸。第一次，人类的话语可以从美洲传递到欧洲。但只有这两艘船，只有船上在各自木屋中的几百个人知道，他们成功了。那早已将这一冒险行动遗忘的世界，却还不知道。在沙滩上，在纽芬兰，在爱尔兰，没有人期待着船队的到来。但就在那一秒钟，在新的跨洋电缆与陆上电缆连接起来的那一秒钟，整个人类都将得知他们这一伟大的共同胜利。

为什么称这次尝试为“伟大的共同胜利”？这一胜利给当时的世界及后世产生了怎样的影响？

（梁锡江 / 译）

学习提示

在菲尔德生活的那个时代，想要仅靠一根细细的电缆线来连接欧洲和隔海相望的美洲，简直就是异想天开，当时被称为“19 世纪最胆大妄为的计划”。菲尔德却为这个几乎不可能完成的任务倾其所有，付出了很大的代价，最终取得了成功，书写了人类文明史上崭新的一页。

这篇文章篇幅较长，适合学习浏览。阅读时，可借助小标题、关键句等把握文章的主要内容，并想一想菲尔德的成功给你带来了哪些启示。

古代典籍中的哈雷彗星（一）

哈雷彗星是以著名天文学家哈雷的名字命名的著名彗星，它每隔 76 年绕太阳一圈。我国是最早发现和记载哈雷彗星的国家。

《春秋》记载，鲁文公十四年（前 613），“秋，七月，有星孛入于北斗”。《公羊传》载：“孛者何？彗星也。”《史记·六国年表》记载，秦厉共公十年（前 467）云“彗星见”。《淮南子·兵略训》记载，武王伐纣时有“彗星出”。

2. 探秘欧亚大陆最北点

⊙王维浩

同学们，你们知道欧亚大陆吗？欧亚大陆的最北点又在什么地方呢？这还得从 18 世纪说起。

欧亚大陆是欧洲大陆和亚洲大陆的合称，面积达 5000 多万平方千米，它是世界上面积最大的陆地。

18 世纪初期，人们还不清楚北半球有哪些民族、西伯利亚的幅员到底有多大、欧亚大陆的最北端在哪里。为了解开这些谜团，早在彼得大帝的时候，人们就开始组织探险队进行探险了。

人类探险的脚步从未停止。

后来，因为俄国人想尽早打通去西伯利亚与日本的通道，便组成了一支北极考察队，其中第三分队由普隆契谢夫中尉指挥，随同他前往的有他的妻子达吉亚娜，还有他忠实的朋友、主要助手、领航员切柳斯金。

1735年夏，他们乘“雅库茨克号”帆船从勒拿河中游的雅库茨克城扬帆出征。虽然航程遥遥，气候恶劣，又无前人足迹可循，但他们个个壮志凌云，决心创造奇迹，完成征服北冰洋的伟大壮举。

浏览全文，概括探险途中他们遇到了哪些困难和危险。

“雅库茨克号”是一艘古老陈旧的双桅木帆船，载重量小，船两侧各安装有12对笨重的大桨，以备无风时使用。船上设备简陋，仅有天文观测仪器、沙漏计时器和等高仪。

初航一路还比较顺利，几十天后，帆船便驶入北冰洋的勒拿河河口。一望无际的北冰洋呈现在面前，探险者们禁不住在船上手舞足蹈起来。随后，“雅库茨克号”顺着强劲的西风，避开浮冰向西驶去。他们首次在北冰洋上航行，一边行驶，一边测量绘制地图。

探险家们本想赶在北冰洋封冻之前绕过泰梅尔半岛到达叶尼塞河河口，沿途便可测量出欧亚大陆的最北点。可这时他们才发现欧亚大陆的北方海岸线在北冰洋中延伸得如此漫长、遥远，好像永远触摸不到边似的。

不知不觉，寒冷的冬天来临了，狂风夹着雪花，浓雾弥漫，恶浪滔天，船被裹上了厚厚的白色“铠甲”，他们被迫停止前进，只好抛锚于奥列涅克河河口。他们望着开始封冻的北冰洋，为首次远征失败焦虑，只好留在原地过冬，等待着来年冰融雪化的时候。

厚厚的白色“铠甲”、6个月终日不见太阳的等待……想象一下，探险者们经历了怎样的考验。

北极之夜长达6个月，终日不见太阳。他们住在因纽特人遗弃的昏暗、潮湿、寒冷的木屋里，整天点着长明灯。年仅22岁的达吉亚娜，刚刚结婚，便舍生忘死地跟随丈夫来到这冰天雪地。他们在漫长的黑夜和风雪严寒中度过了自己的“蜜月旅行”。

为了抵御寒冷，他们穿上了兽皮缝制的皮衣皮裤；蜡烛用光了，就用动物油脂照明，做燃料。由于长期吃不到蔬菜，普隆契谢夫和妻子都患上了维生素C缺乏病，周身肌肉和关节疼痛，全身软弱无力，牙龈肿胀出血。寒冬和疾病威胁着他们的健康。

长达半年的漫漫寒冬总算从他们的眼前消失了。

当太阳重新在地平线上露出笑脸时，他们互相搀扶着跌跌撞撞地冲出木屋，再也抑制不住内心的兴奋与激动，欢呼雀跃。探险者们整装起航，重新踏上了征服欧亚大陆最北点的征程。

这时的北冰洋仍是春寒料峭，为了避免和冰山、浮冰相撞，切柳斯金日夜在甲板上瞭望值班。一路上发现的海岛越来越多，他都一一把它们标记在地图上，只是没有来得及起好名字，船又破浪向前方驶去。

经过一个多月的航行，泰梅尔半岛已遥遥在望。一天，身体十分虚弱的普隆契谢夫不听大家的一再劝阻，执意要上甲板值班，结果冻死在甲板上。普隆契谢夫的死给达吉亚娜造成极大的打击，很快她也忧郁而死。

为探险而失去了宝贵的生命，你如何评价这种精神？

目标还没达到便有两个人献出了宝贵的生命，这次探险付出了巨大的代价。大家悲痛万分，拢船靠岸，将两人的尸体合葬在一起，并竖立了一块刻着普隆契谢夫和达吉亚娜夫妇名字的墓碑。由于浮冰越来越多，船只寸步难行，“雅库茨克号”只好照原路返航。

可是，探险者们并没有停止他们的脚步。经过3年的准备，1739年，整修一新的“雅库茨克号”又重新起航了，他们要继续完成还没有完成的事业。

探险过程中总会有各种不可预知的危险，探险队员们选择了坦然面对，勇往直前。

这次考察队重新组建，由拉普帖夫中尉指挥，副手仍由切柳斯金担任。不料，这年北冰洋的浮冰空前之多，无法快速行驶的“雅库茨克号”还没到达上次探险所到达的地方，便被浮冰撞了一个大窟窿。探险队员费了九牛二虎之力才堵好漏洞，得以脱险。

那些绵亘在前进道路上的成排的浮冰和阴森森的冰山，使“雅库茨克号”进退维谷。为了抓住可以通航的两个半月夏时季节，绕过泰梅尔半岛到达目的地，探险队就近选择了靠近泰梅尔半岛的哈坦加河口作为越冬整休的地方。

他们在海边放了一个刻有探险队全体成员名字的浮标，既作为纪念又可为后来的舰船指航。为了消磨漫长的极夜时光，拉普帖夫开始撰写《见闻录》，记载探险的经历，他的《见闻录》给后人留下了宝贵的资料。

拉普帖夫和切柳斯金原计划次年即 1740 年夏季到达叶尼塞河河口，并勘测出欧亚大陆的最北点。翌年，当他们行进到泰梅尔半岛时，前面意外地出现了成排的浮冰，浮冰横冲直撞，肆无忌惮，船只无法挣脱，随后被冰块冻结起来。

拉普帖夫急忙命令队员们把各种物资抢运到冰排上。周围浮冰四布，冰块间海水汹涌，听得见冰块相互撞击时发出的嚓嚓声，若稍一疏忽，就有葬身大海的危险。然而，他们却奇迹般地漂到了泰梅尔半岛的海岸，又一次摆脱了死神的威胁。

探险队决心改从陆路向欧亚大陆最北点冲击。他们兵分三路，分别由拉普帖夫、切柳斯金和大地测量学家切金率领。1741 年至 1742 年的两个春天里，他们考察了整个泰梅尔半岛，乘狗拉雪橇走了 6720.84 千米，绘制了精确的地图。

想象一下，陆路探险过程中，探险家们又会经历哪些事情？

时间到了 1742 年 5 月 9 日夜晚，切柳斯金率领的探险队捷足先登，最先到达泰梅尔半岛"东北角"——欧亚大陆的最北点。

这是人类首次到达欧亚大陆最北点！探险队员们个个热泪盈眶，欣喜若狂，欢呼声在沉寂的极地冰原上空回荡。

之后，由拉普帖夫和切金率领的两支队伍也相继到达，和切柳斯金他们胜利会合。欧亚大陆北部海岸的勘察、测量，是历史上重大的地理发现之一。

探险的脚步从来不是孤独的，这既是对人类自身的挑战，也是对未知世界的探索。

后人为了纪念俄国探险家的伟大功绩，把欧亚大陆最北点（北纬77°43′、东经104°18′）命名为“切柳斯金角”。切柳斯金角就像北极圈上的纪念碑，永远铭刻着为它拼搏、献身的探险者的名字。

你认为用发现者的名字命名这种做法有什么意义？

征服南极，探秘欧亚大陆最北端……人类在探寻未知世界的过程中遇到了难以想象的困难和危险，为此付出了巨大的代价。但人类探险的脚步从未停止，这是人类文明不断向前发展的不竭动力。

浏览全文，在不断提高阅读速度的同时也要保证阅读质量，并思考探险的意义和价值所在。

1. 看世界——南极手记

⊙余建斌

去南极并不稀奇，每年有几千中国人进入南极圈旅游，有上百人踏足南极大陆参加科学考察。尤其是对从事南北极科学研究的比如我的几个曾经的队友而言，去南极更是家常便饭。

对我自己来说，这的确是一次终生难以忘怀的个人体验。

一

乘坐中国“雪龙号”极地考察船穿越西风带进入南大洋，再到穿越南纬 66 度 33 分纬线进入南极圈，最后上岸到达地处南极大陆东南极拉斯曼丘陵的中山站，恰恰经历了南极、南极圈和南极大陆三个关于南极的地理概念。

南极大陆的 98% 被冰雪覆盖，是世界上发现最晚、地球最南端的冰雪大陆。但这种冰雪世界的印象在抵达陆地前就可以从广袤无垠的海冰区获得。从雪龙船经过的浮冰区再到接岸固定冰区域，严寒使得浩瀚的南大洋被冰雪所覆盖，成为底下洋流涌动的冰雪莽原。

靠近南极普里兹湾时，海冰冰厚从 1 米至 5 米不等，上面覆盖的积雪厚的也达到了近 1 米。走在海冰上，很容易一脚就陷入过膝积雪。有些海冰区乱冰层叠，冰坝、冰脊纵横交错，踩在巨大而又光滑的凸起海冰上要格外小心，很容易滑倒，甚至陷入冰裂隙掉入海中。靠近大陆的接岸固定海冰则是放眼望去一马平川，冰雪厚度足够雪地车拖着雪橇在上面奔驰，但间或有一些潮汐造成的冰裂隙，要小心以防陷入。

冰山是南极最美的景观之一。零星漂浮到浮冰区外的冰山已经足够吸人眼球。越接近南极大陆，被海冰冻结而静静矗立的冰山越来越多，形态各异，圆锥体的山峰、长方体的平台冰山……伴随阳光的折射摆出各种千奇百怪的蓝色造型，让人为之目眩神迷。从直升机上俯瞰，一座座巨大的冰山格外壮观。露出海面的“冰山一角”就有几十米到几百米高不等，绵延数百米的冰山让人感叹大自然造物的神奇。冰山虽然在海上，但它们都是来自南极大陆。南极大陆冰盖向海洋延伸部分形成了冰架，冰架断裂掉入大洋，就形成巨大的冰山。

中山站附近海域的冰山格外美丽，里三层外三层地林立于广阔的海冰上，将中山站所在的协和半岛包围，被人们认为是东南极大陆最漂亮的冰山。100 公里外的澳大利亚戴维斯站人员每年都会来此一游。记者沿海冰走到冰山跟前，触摸这些冰雪塑就的优美身姿，近距离凝视这纯净的蓝色。

冰山为什么经常看到是蓝色的？中山站上的“老南极”解释说，由于冰山的冰经过万年冰雪层层积累而成，冰与冰之间压得十分紧密，气泡很少，因此阳光被折射后便形成美丽的蓝色。

说南极大陆是冰雪大陆，是因为这个1400万平方公里的大陆顶着一个巨大的“冰帽子”，就是人们常说的冰盖，它几乎覆盖整个南极大陆，平均厚度2000米左右，最厚的地方达4800米。从中山站向南走约10公里就能到达南极内陆冰盖边缘，往里走则是巨大的内陆冰盖。

内陆冰盖与南极大陆沿岸迥然不同，和冰盖边缘相比更加苍茫，完全没有任何山丘土地。从中山站往里的70公里内陆冰盖，海拔从10米左右急剧上升到了1000米。记者乘坐的雪地车持续爬高，攀越一个接一个的冰盖“阶梯”，行进在这壮观的南极大陆冰雪高原，给人的感觉是不断地在蓝色苍穹下的白色大地上行进。天气晴好时，天蓝地白，格外分明，遇到风雪，能见度极差，天地就是白茫茫一片，分不出你我。

二

南极大陆的春秋季倏忽难辨，只有明显的夏冬气候，如中国科学家将南极中山考察站的夏季定为12月到来年2月中旬，远比冬季为短。这里的气候也是典型南极大陆沿海气候。

现在正是夏天，相对南极的冬天来说，气温并不太低。刚刚过去的12月上半月，中山站上的平均气温在零下1、零下2摄氏度，最冷的时候是零下7摄氏度左右。而刚刚结束越冬的中山站人员说，在南极隆冬，即使算是沿海地区的中山站上，气温也常在零下30多摄氏度。

不过，记者坐雪地车进入距中山站70公里的内陆冰盖时，那里的气温就已经接近零下20摄氏度。人在车外干冷的空气中待几分钟，脸部就变得冰冷并感觉到疼痛。而且南极大陆的紫外线极其强烈，如果没有做好脸部保护，一天在外暴晒下来，摘掉墨镜后眼睛一圈是白的，其余都被晒黑，严重的还会脱皮。

南极是世界上最冷的地区。它被称为地球冷极，这是因为曾经在俄罗斯的东方站，测到了世界上自然温度最低点零下89.2摄氏度，这个纪录一直没有被打破。

随着气温上升，中山站上的厚厚积雪也逐渐融化，特别是四周的小山丘，从开始的白色和棕色相间，到最后完全露出了棕色的本来面貌。山石主要为较为坚硬的花岗岩，但由于气温低和雪水冻胀，表面岩石变得很脆，形状也变成片麻状和条状。山上看不到任何树木，这在南极大陆非常典型。

南极天气多变，湛蓝天空可以瞬间下雪，一天之间也可以刮起东南西北不同方向的风。灿烂阳光下雪花飘飞也是常有的。今年这会儿的气候比较反常，刚到中山站前几天，狂风暴雪不断。按理这会儿却应该已开始晴好天气。刚刚过去的11月份，中山站下了23天的雪，去年只下了11天。暴风雪下起来的速度相当快，转眼间已是漫天飞雪，风力已是超过20米每秒，能把人吹个趔趄。

中山站所在的东南极大陆沿海一带是南极风力最强的地区，平均风速在 17 ~ 18 米每秒，越冬人员在极夜期间也经常遇到 30 ~ 40 米每秒的飓风。刚刚过去的冬天，中山站测到的最低温度是零下 47 摄氏度，遇到最大的风有 40 多米每秒，远远超过一般概念里的 12 级大风，这给考察队员的生活和工作带来很大麻烦。飓风暴雪能够把人吹失踪，这在日本昭和考察站有过不幸的例子。因此，为了安全，在冬天特别是极夜期间，队员外出有严格的规定。

从 11 月 15 日开始，中山站就进入了南极极昼期间，这给刚刚到来的人入眠带来了烦恼，因为天一直不黑下来，让人感觉还不到入睡的时间。太阳一直待在地平线上，即使下去也只是打个滚又上来，一天 24 小时天都是亮着，只是在半夜时分阳光的强度要弱一些，有点像阴天。到来年 2 月 15 日后，黑夜才又会回来。

极昼和极夜是极圈内独有的现象。极夜的经验划分非常容易，每年 6 月 21 日是南极最黑的一个极夜，完全被黑暗笼罩，这个日子也是南极最重要的节日仲冬节。从 6 月 21 日前后各推一个月，基本上就是极夜的时间。极夜期间，大部分时间都是伸手不见五指，除了中午天有点蒙蒙的光亮。

除了适应极昼，还要适应时差。把手表拨慢 3 个小时，因为中山站所处的时区是东五区，和国内的亲朋好友联系，都得算好时间，吃完晚饭再打电话，说不定会打扰家人的入睡。

由于环境极端恶劣，南极没有人类居住，现在的居民主要是各国考察站来度夏或者越冬的考察队员，一年或者几月往返。企鹅、海豹、雪海燕、贼鸥等南极动物是这片大陆天然的主人。

企鹅是当之无愧的南极精灵。在中山站附近的海冰上，记者看到了多群企鹅，它们或者在四脚滑行前进，或者是静静休息，站、卧姿势各异，在雪地上格外显眼。

在海冰长达数公里的冰缝周围，会趴着很多海豹。从直升机上看下去，雪白的冰面上，一条黑色细线上附着着许多小黑点，这都是海豹，冰缝是它们出入海面的通道。

在南极看到最多的是贼鸥，它们身体肥硕，但翅膀展开后是身体长度的好几倍，飞起来一点也不费力。贼鸥经常成群结队地候在雪龙船周围或者是中山站餐厅的铁门外，不过，为了保护南极环境，绝对禁止喂食鸟类和其他动物。

雪海燕是南极纯粹的土著居民，它们终生生活在南极大陆。直到南极内陆冰盖深处，记者第一次看到了南极的雪海燕。三只全身雪白的雪海燕正在天空中飞翔，茫茫的白色冰盖，蓝色的天穹，衬托着这三只雪海燕，格外美丽。

（有删改）

2. 敬畏自然

⊙严春友

人们常常把人与自然对立起来，宣称要征服自然。殊不知在大自然面前，人类永远只是一个天真幼稚的孩童，只是大自然机体上普通的一部分。如果说自然的智慧是大海，那么，人类的智慧就只是大海中的一个小水滴，虽然这个水滴也映照着大海，但毕竟不是大海。可是，人们竟然不自量力地宣称要用这滴水来代替大海。

看着人类这种狂妄的表现，大自然一定会窃笑——就像母亲面对无知的孩子那样的笑。人类的作品飞上了太空，打开了一个个微观世界，于是人类就沾沾自喜，以为揭开了大自然的秘密。可是，在自然看来，人类上下翻飞的这片巨大空间，不过是咫尺之间而已，就如同鲲鹏看待斥鷃一般，只是蓬蒿之间罢了。即使从人类自身智慧发展史的角度看，人类也没有理由过分自傲：人类的知识与其祖先相比诚然有了极大的进步，似乎有嘲笑古人的资本；可是，殊不知对于后人而言，我们也是古人，一万年以后的人们也同样会嘲笑今天的我们，也许在他们看来，我们的科学观念还幼稚得很，我们的航天器在他们眼中不过是个非常简单的儿童玩具。人类的认识历史仿佛是纠错的历史，一代一代地纠正着前人的错误，于是当我们打开科学史的时候，就会发现科学史也是犯错误的历史。那么，我们有什么理由和资格嘲笑古人，在大自然面前卖弄小聪明呢？

人类发明了种种工具，挖掘出大自然用亿万年的时间积累下来的宝藏——煤炭、石油、天然气以及其他各种矿物质，人类为自己取得的这些成就而喜形于色，然而，谁能断言那些狼藉斑斑的矿坑不会是人类自掘的陷阱呢？

在宇宙中，一定存在着远比我们有智慧的生物。因为，我们的太阳系只有四十多亿年的历史，就演化出了有智慧的生物；而宇宙至少已有二百亿年的历史，也许历史还更长。可以推想，在那些比我们更古老的星系里，一定早就演化出了更高级的生物。这些生物的智慧是我们所无法比拟的。他们看我们，也许就像我们看蚂蚁一般，即使我们中的那些伟大人物，在他们看来也不过尔尔。

人类的智慧与大自然的智慧相比实在是相形见绌。无论是令人厌恶的苍蝇蚊子还是美丽可人的鲜花绿草，无论是高深莫测的星空还是不值一提的灰尘，都是大自然精巧绝伦的艺术品，展示出大自然深邃、高超的智慧。大自然用“死”的物质创造出了这样丰富多彩的生命，而人类却不能制造出一个哪怕是最简单的生物。就目前所知，人本身就是自然智慧的最高体现，是她最杰出的作品之一。人体共有一万多亿个细胞，这么多的细胞不仅能够相互协调，而且每个细胞都有着与众不同的特殊分工，每个细胞都有其特定的工作，绝对不会混淆，从而使整个人体处于高度有序的状态。在近百年的时间中，人体细胞尽管替换许多次，但这种秩序并不会改变。最不可思议的恐怕要数我们的大脑了，它使人有喜怒哀乐，能够思维，能够理解、想象。大自然也很“懂得”美学原则，在创造每个事物以及我们身体的时候运用了各种美的规律，比如对称性、协调性等等，使人体、花朵等表现出难以形容的美。要造出这样的一个人来，让一万亿个细胞协调工作，是人类的智慧所不能胜任的。

大自然之所以创造出会思维的生物，也许是有深意的。宇宙创造智慧生物是为了进行自我认识，为了欣赏她自己壮丽无比的美。人是自然发展的高级阶段，人的智慧是宇宙智慧的高级形态，其高级之处就在于他会思维、能够理解、有自我意识。人的智慧与宇宙的智慧是同一智慧的不同阶段。宇宙（或者说自然）借我的眼睛来观看她自己，借我的嘴来表达她自己，说出她亿万年来想说而没有说出的话。从这个角度可以说，我的智慧即是自然的智慧，我对宇宙的认识即是宇宙对自己的认识，我在思考即是宇宙在思考，我痛苦即是宇宙在痛苦，我欢笑即是宇宙在欢笑。所以，人仅有的一点小智慧也是大自然所赋予的，并不属于他自己所有，他只不过是宇宙自我认识的工具。因此，人对自然的种种误解，也许是自然对她自己的误解吧。

这样看来，我就只是宇宙机体上的一个部分，一个器官，就如同大脑是我们身体的一个器官一样，人与宇宙本来就是一体的。宇宙是一个大生命，而我只是这个大生命的一个组成部分。那么，让我们就像爱护我们的身体一样爱护自然吧。

谁说宇宙是没有生命的？宇宙是一个硕大无比的、永恒的生命，那永恒的运动、那演化的过程，不正是她生命力的体现吗？如果宇宙没有生命，怎么会从中开出灿烂的生命之花？这个宇宙到处都隐藏着生命，到处都有生命的萌芽，到处都有沉默的声音。你难道没有听到石头里也有生命的呐喊吗？你难道没有用心灵听到从那遥远的星系里传来的友好问候吗？

即使那些看起来死气沉沉的物质，也是宇宙生命的构成部分，也是生命的一种存在形式。那些高级的生命形态正是从这“死”的物质中产生的，换言之，包括我们人类在内的高级生命，只是物质的另一种存在方式。在物质中，有无数的生命在沉睡着，一旦出场的时间到了，它们就会从睡梦中醒来。

因此，人类并不孤独，在宇宙中处处是我们的弟兄。

因此，我们再也不应该把宇宙的其他部分只是看作我们征服的对象，再也不应该把其他生物仅仅看作我们的美味佳肴，而首先应该把它们看作与我们平等的生命，看作宇宙智慧的创造物，看作宇宙之美的展示者，首先应该敬畏它们，就像敬畏我们自己一样。敬畏它们，就是敬畏宇宙，敬畏自然，就是敬畏我们自己。

单元学习任务

任务一

快速浏览本单元文章，每分钟不少于400字。记录浏览全文所用时间，看看你每分钟能浏览多少字，想一想哪些因素影响了你的浏览速度，以后注意改进。

篇目	全文用时	____（字数）/分钟	影响浏览的因素
越过大洋的第一次通话			
探秘欧亚大陆最北点			
看世界——南极手记			
敬畏自然			

任务二

整理你在浏览过程中勾画的关键性语句，分析它们在文中的作用是什么。

任务三

探险是人类的一种探求未知的伟大实践。学校广播电台将围绕“人类探险的意义”这一主题，安排一期访谈节目。如果你是节目策划人，你准备邀请谁来做嘉宾？请你根据受邀嘉宾的探险活动和探险精神，围绕节目主题，预先拟定三个采访问题。

访谈问题卡

拟邀请嘉宾：________

问题一：

问题二：

问题三：

太空探索

探索浩瀚宇宙，发展航天事业，建设航天强国，是我们不懈追求的航天梦。中国航天人牢记党和人民的重托，满怀为国争光的雄心壮志，自强不息，顽强拼搏，团结协作，开拓创新，取得了一个又一个辉煌成果，实现了中国人几千年来的飞天梦想。科技发展至今，中国人漫步太空的脚步早已变得有力而铿锵。

本单元所选文章以文学的视角聚焦太空，用真实的感受展现航天探索。阅读本单元文章，同学们要仔细揣摩细节描写，感受航天人的英雄气概和严谨务实、精益求精的科学态度，并内化为推动祖国科技进步、推进人类和平与发展的远大志向。

1. 试验船返回亲历记

⊙王　朋

新一代载人飞船是面向我国载人星际探测、空间站运营等需求而论证的天地往返运输飞行器，具备高安全、高可靠、模块化、多任务、可重复使用等特点，可增加乘员人数和提高运货能力。

2020年5月5日18时，长征五号B运载火箭首发火箭发射成功，将新一代载人飞船试验船（以下简称“试验船”）送入太空。随后，船箭分离，试验船进入近地点近170公里、远地点近400公里的椭圆轨道。试验船独立飞行期间，进行七次自主轨控，逐步进入330公里×8000公里大椭圆轨道。制动前，北京中心根据着陆场风场预报，计算并输入返回控制参数。

集结等待

5月8日上午11时，飞船处于第31圈，在南大西洋向8000公里高的远地点“爬升”着。

此时，我们到达搜索部队集结点。

集结点东南方向，停着四架直升机。第一、二架是搜索机，第三、四架是通信机和指挥机，安装有243信标接收机、光学吊舱、超短波电台、卫通天线等。

集结点西南方向，排列着两列特种车辆。前列有越野车、“动中通”等，车上装着243信标接收机、超短波电台、移动卫通天线等。后列有特种车、吊车、拖运车、抢修车、救援车、牵引车等。

其中，有辆车极其特殊，长16米，由两节组成，前节像装甲车，随车装有吊机，宽履带占车宽约76%；后节是拖车，可运货物，前后用铰接机构连接，这就是“蟒式”拖吊车，4米宽沟抬脚便迈，1.5米台阶碾压跨过，碗粗树木撞倒通过，急弯蛇形滑过，见水过水，见沙漠拱沙漠。

关注本文的6个小标题，体会这些小标题在文中的作用。

为什么特别说明这辆极其特殊的车呢？

制动返回

中继卫星一直监视着试验船，任务测控站相继捕获跟踪试验船。试验船调姿 180 度，将船尾冲着运行前方，建立好返回制动姿态。

12 时后，试验船飞至南美洲乌拉圭东部南大西洋上空。突然，飞船尾部喷出两个巨大火焰，两台发动机同时点火，拼命阻挡着高速飞行的飞船。

形象的比喻，读起来让人惊心动魄。

制动点恰是轨道远地点，从此处返回，就是让飞船站在最高处朝下扎，有点像高山滑雪，从顶峰朝下俯冲，山顶越高，滑到山底的速度越快，快到接近从月球返回地球时的速度。

试验船滑过非洲大陆中部，高度在下降，速度在增加。

测量数据传至北京中心，计算预报落点，结果迅速传至东风着陆场指挥部。

空地联动

近 13 时，着陆场指挥部命令 4 架米 –171E 直升机起飞，奔赴待命空域。

四架直升机布在一个矩形框的四个角上，形成一个“口袋”，口袋中心是预着陆点。此框位于东风发射场正东偏北，北边是历史古迹——“黑城”，东边是巴丹吉林沙漠，南边是硬戈壁，西边是弱水河。框内东南部是硬戈壁，占30%；而西北部是软戈壁、沙疙瘩地、红柳林地和半沼泽盐碱地，占70%。前者路好走，直升机可降落，后者路难行，直升机不易降落。

运8-C运输机布在框的南侧。

地面车辆，大小几十辆，分成六个小组，分别布在框四周不同位置。

至此，空中、地面搜索力量布置完毕，等待着见识过太空的“游子”。

捕获目标

“发现目标！”

喀什站捕获了还在国外上空的试验船。两分钟后，和田站也发现了目标。一分半后，新疆某雷达站也跟踪上了目标。

试验船在地球吸引下，越飞越快，越过红海，穿过沙特阿拉伯，掠过波斯湾，跨过伊朗，向祖国靠近着。

试验船降至约430公里高度，俯仰调姿-90度，服务舱冲天，返回舱对地，两者分离。服文中这样的拟人句还有很多，试着选取几处，感受一下修辞中蕴含的感情。

务舱飘了出去，渐渐离开亲人，恋恋不舍。返回舱建立配平攻角姿态，跨进中国边境，从喀什与和田中间俯冲进来，投入祖国怀抱。

“发现目标！”

“发现目标！”

位于甘肃的两部雷达相继捕获跟踪返回舱。欢迎队伍在壮大。

返回舱跨过塔克拉玛干沙漠，在塔里木盆地东北角上空，急速下降至120公里高度，钻入大气层。返回舱在高速下降，大气在拼命阻挡，返回舱大底在与大气激烈摩擦，产生巨大热量，耐受的热流比神舟飞船大两到三倍，温度接近3000摄氏度。摩擦产生等离子体，瞬间甩向后方，像羽毛球的羽毛，形成一个“等离子鞘”屏障，把返回舱围起来，内电波射不出，外电波进不去，形成“黑障”。返回舱一旦进入黑障，S波段应答式跟踪立刻失效。果然，喀什站、和田站信号随之消失。

但三个雷达站继续跟踪。原因是，雷达是靠反射信号跟踪的，“等离子鞘”是很好的反射体。

返回舱采用“预测—校正”升力式控制，即“落点制导”，根据当下位置，不断计算最佳返程路线。像开车，不管从哪儿出发回家，只要出发点在一定范围内，都会把车开到自家车库。

返回舱与神舟飞船的钟形返回舱不同，采用倒锥形钝头体气动外形，空气升阻比更大。返回舱靠调姿变换升力方向，使返回舱智能地朝左、朝右飘，这样，返回航程变长，过载变小，同时可以控制纵向和横向误差。返回舱如同一条“火龙”，“蛇行”在塔里木盆地东部上空，跨过车尔臣河，奔向罗布泊。这段艰难的历程，南有阿尔金山脉、北有天山山脉当观众，共同目睹了这一壮烈场面，但返回舱经受的高温对两侧雪山却没有丝毫影响。

服务舱也随之再入大气层，与大气剧烈摩擦，不久解体，消失殆尽，如同流星，拖着尾巴，燃烧着自己，照亮着前方的返回舱，照亮着兄弟回家的路。

约一分钟，返回舱便从120公里下降至50公里高度，速度大幅降低，摩擦已不剧烈，“等离子鞘”消失，“黑障”结束，返回舱从罗布泊上空大气层里钻了出来，S波段信号发射出来。

“发现目标！”

本小节用了四个“发现目标”，作者为什么要强调这一点？

东风发射场S站收到信号。北京中心计算预报落点。

直升机收到预报落点，我看了眼，“哎，这不就是瞄准点附近吗？”

辽阔大地，平坦如镜，一眼望去，看穿百里。戈壁不时升起一股小“龙卷风”，轻柔型的，扭动着身姿，螺旋上升，像在风中跳舞，更像在欢迎天外来客。

返回舱在约20公里高度结束升力控制。

返回舱降落至海拔八公里高度，回收程序启动。

一声巨响，一块防热舱盖弹了出去，露出两个圆筒。两个圆筒射出两具减速伞，风钻进伞中，伞由细变粗，完全张满。

“嘭”，一声巨响，六公里高度，舱体下部主伞舱盖弹开，顺势拉出三具主伞。主伞拉出后，主伞舱盖和主伞之间的连接绳断掉，减速伞带着主伞舱盖飘走了。

每具主伞开始时先处于“收口状”，束缚绳束缚着主伞，以免风在短时间内进入伞内太多，把伞撑破。风阻渐渐增大，等风灌入达到一定程度时，切伞器切断束缚绳。

瞬间，风拼命朝伞肚里灌，伞彻底张开，

三具伞加起来的面积比五个篮球场还大半个。

伞衣红白相间，形成多个同心圆，煞是醒目、漂亮。

三个伞各自在各自的象限，互不干扰，相互衬托。

大伞已张开，返回舱像一头凶猛怪兽，被剽悍猎手用勒缰控制住了，下降速度骤降。

“咚”，一声巨响，防热大底分离，像是失控的飞碟，翻滚着，朝地面落去，烧黑一面，没被烧一面，交替着展现给大伞观看，似乎在说：我的作用已完，看你的了。

空中搜索

“归零飞行！”指挥部发出命令。

盘旋已久的四架直升机，立时飞啸着奔向预报落点。

驾驶员顿时高度紧张，眼睛一眨不眨地盯着前方，生怕漏掉了什么。

坐在后舱的搜索队员，眼睛朝窗外扫描着，盼望着获取一些蛛丝马迹。

布在东北角的 1 号搜索机离落点较近，机长朝窗外巡视着，突然发现前方有一条直直的白烟，像飞机“拉线”，便加大马力，扑了过去。

云出现，白烟不见了。

就在焦急之时，又猛然看到云层中闪出红白伞，下面吊着一个小黑点。

“就是它！”机长驾驶着直升机，冲了过去。

抛大底后，返回舱底部露出六个缓冲气囊，充气完后呈圆桶状，均匀有序排成一圈，像个圆形大气垫床。

布在西北角的通信机，也在搜索着。光学吊舱在操作手操控下，来回扫描着。

“看到了！”突然，他情不自禁地喊了一声，我赶紧起身，只见屏幕上伞影在晃动。PAD 显示，离舱 30.51 公里。这么远都抓到了，好样的！

四架直升机在扑向一个点，通信机距离最远，西南角指挥机 25 公里，东北角 1 号机 16.8 公里，东南角 2 号机 14.2 公里。

就在直升机“归零”飞行时，乘伞下降的返回舱却意外“发现”：正下方有辆车，旁边有俩小矮人，一个对天拍照，一个护着天线。奇怪，他们怎么出现在这里？难道事先知道“我”从这降落？

原来，有领导大胆推测，越是中心，越是

砸不着，决定派辆越野车，带着摄像机和便携式卫通站，提前埋伏在瞄准点，希望“撞大运”。没想到，就是这种“异想天开”，留下了一段珍贵的镜头，成就了一段难以忘怀的历史。

真的是“异想天开”吗？

镜头中，返回舱在三个伞中间来回慢晃，大伞渐降，返回舱渐大，眼看就落在拍摄者头顶时，一阵风，大伞飘向东侧，滑出 100 多米，在一块低洼地降落了。

六个气囊瞬间起作用，压扁，软着陆，短时间后，撤气，瘪了下去。舱顺势下沉，但没挨着地，原来大气囊里还有小气囊，撑住了。返回舱稳稳坐在祖国大地之上。

时间定格在 13：49。

你浏览文章的时候，注意到了这句话吗？

圆满成功

一落地，伞绳松弛下来，三具大伞也软了下来，顺风飘向东方，伞绳再次拉紧时，切伞器切断了伞绳。大伞顺风吹出 600 多米，依序倒了下去，第三具伞躺倒后又被风再次吹起，最后看了一眼返回舱，确知其安全时，才依依不舍地躺了下去。

返回舱 243MHz、406MHz 信标机天线弹出，发射信号。闪光灯在闪烁着。

四周直升机循的飞了过来。

落地后六分钟，通信机飞到现场上空。六分钟，30 公里，体现出驾驶员的迫切心情。

此时，1 号和 2 号搜索机已到，围着返回舱在盘旋。

但见 1 号机选择在返回舱南侧降至 40 米高，悬停，一名队员顺缰索降，落地后发现地表较硬。机长决定不再索降，直接落地。说时迟，那时快，机头冲着风头，落了下去。2 号机在返回舱北侧降落。只见地面尘土纷纷卷起，升入天空，被风一吹，飘向东方，直升机离地越近，尘埃越浓，远处一看，两个尘埃隧道，看不清直升机，看不见返回舱，尘埃飘远渐淡处，能隐约看见躺在地面的大伞。

场面极其壮观。

平时这种地貌，直升机不降；但实战，陆航驾驶员作风硬朗！

指挥机过来，降落，下人。

搜索队员跑着冲向返回舱。

到达现场，舱体结构完好无损！

测量落点，“啊，这么准！”误差公里级。

地面搜索车队，从四面八方涌了过来。

空中搜索队员和地面分队会合，五院科研人员和基地搜索人员共同处置返回舱。

所有人员站在返回舱前照相，为新一代飞船返回舱回收任务取得圆满成功留念。

大家欢呼，大家跳跃，大家相互拥抱。

有人眼圈红了。

有人哭了。

不经历风雨，怎能见彩虹？成功后的泪水让人百感交集！

学习提示

从20世纪70年代初中国第一颗人造地球卫星升天，到2003年第一艘载人飞船“神舟五号”成功发射，再到航天空间站“天宫”的建成，体现了中国航天事业的发展，代表了人类探寻未知世界的信心和勇气。一路走来，中国航天事业的成功彰显了祖国的强盛与繁荣，激励着我们努力学习科学知识，探索未知世界，走向更高更远的神秘领域。

这篇文章记述了新一代载人飞船试验船从外空返回的过程。阅读时，可以快速浏览文章，借助各部分的小标题梳理试验船返回的过程，把握文章的主要内容；文章虽然涉及专业知识，使用了一些专业术语，但是语言通俗易懂、准确生动，阅读时要注意体会。

2. 长五，这两年你经历了什么？

⊙黄　希

关注小标题，注意小标题是按照时间顺序对事件经过的概括。

2017 年 7 月 2 日
失利，猝不及防

娄路亮比规定的时间更早一些到位，今天他的工作岗位是在指控大厅。

作为长征五号运载火箭（以下简称“长五”）副总设计师，他已经在发射场工作了 60 个日夜。长五遥二火箭在发射场的各项工作进展都很顺利，再加上有首飞成功作为托底，他对这次发射很有信心。

火箭点火前，娄路亮特意和身边的火箭总设计师李东握了一下手，给了彼此一个鼓励的眼神。

一切都很顺利，晚上 7 点 23 分，火箭按时点火，娄路亮长舒了一口气。对于一个新研型号而言，“点火”时的那一团熊熊火焰，意味着发动机顺利“点着火”了，最大的不确定因素得以排除。此前长五遥一的成功首飞，证明团队把惊心动魄的发动机预冷问题给攻克了。

随后火箭起飞、助推器分离、整流罩分离，无论是参数还是大屏幕显示的火箭飞行轨迹，一切都在向着“完美的结局”奔去。

然而，意外出现了。

长五发射，一波三折。阅读时找找看，长五这两年遇到了哪些波折？

当火箭飞行至346秒时，大屏幕上的参数突然出现跳变，数据显示：有一台发动机突然熄火了。

娄路亮的心一紧，大脑瞬间闪过多种故障模式，他感觉时间都已经停滞了。他脑海里始终盘旋着一个疑问：发动机是肇事者还是受害者？

此刻，大厅里的人已经聚集在“两总”周围了。由于一台发动机熄火，另一台发动机仍在工作，给了火箭加速下降的动力。火箭的飞行形成了加速向下的曲线，很快，火箭就掉了下来，坠入海底。

事后有专家分析，如果火箭再坚持飞行50秒，还是有机会入轨的。很多入职不久的“90

后”在现场悲伤地目睹了这一场景，见证了航天发射失利的残酷。

晚上 8 点多的文昌，暑气渐渐消退，此刻已经完全被夜幕笼罩。很快，长五试验队员陆陆续续回到了大本营。长五质量主管杨慧留意到，往日里熙熙攘攘的食堂此刻没有一个人说话，给“两总”留的饭桌空空荡荡，不见一人。原本等着庆功的烟花被孤零零地堆放在食堂门口。此刻，再多看一眼都让人觉得悲伤。

娄路亮和其他“两总”饭都没吃就直接从指控大厅回到会议室，一起判读数据，分析原因。

通过初步分析，大家的意见很一致：问题出在火箭芯一级的发动机——YF-77 发动机身上。可是，导致问题出现的原因是什么？是诱因还是自身出了问题？

这批次的发动机在地面试车从未出现过类似问题，首飞前 3 万秒的地面考核全部通过。

会不会还有其他的问题没有被发现？

精益求精，不容有任何闪失。

大家前后方通力合作，紧急排查，初步定位是发动机本身的原因。当娄路亮他们再次从会议室出来时，天已经亮了。经历了一天一夜的紧张工作，再加上失败情绪的冲击，娄路亮感觉自己走路时双腿都发软了。

7月3日，火箭核心团队迅速处理完发射场的工作，7月4日就乘坐第一班海口飞北京的航班回京。当乘坐的大巴驶出发射场大门时，看着远处空荡荡的长五塔架，杨慧没忍住，眼泪终于落下来了。

回到北京的第一站，大家不是回家，而是直接前往会议室。

此刻，后方的数据已经同步分析出来了，证实了大家的判断是正确的。大家迫不及待地想捉住这个“鬼”——火箭发动机的故障出自哪里？

这个比喻生动形象。

2017年7月至2018年4月 归零，艰难前行

搞航天的人都会“谈归零色变”。“归零”意味着失败，意味着“地毯式搜查”……对于长五这项国家重大工程而言，“归零”只会严上加严。

从7月4日开始，长五团队开始了为期100天的归零工作。说“归零”之前，可以简单说一下长五发动机的构成和作用。

长五起飞重量为800吨，相当于540辆小汽车，火箭点火时需要将这个庞然大物送出大气层，靠的就是自身的动力系统。

长五的飞行靠12台发动机提供推力，点火时，8台液氧煤油发动机为4个助推提供动力，两台YF-77发动机为芯一级提供动力，10台发动机同步点火。火箭飞行170秒后，4个助推分离，由两台YF-77发动机继续工作，为火箭飞行提供动力。

飞行约500秒时，YF-77发动机使命完成，关机，此刻芯一级和火箭分离，芯二级里的YF-75D发动机工作。第一次工作350秒左右，关机后火箭滑行一段时间，之后再次点火工作约350秒后关机，直至把航天器送入预定轨道。

火箭飞行成功与否，动力系统至关重要。很多人都知道长征五号火箭是在2006年年底立项，却鲜有人知道YF-77发动机的立项比火箭立项还要早4年，这说明了作为火箭核心关键系统的发动机的重要性和复杂性。这也就不难想到，为什么火箭一出问题，很多人首先想到的就是“会不会是发动机出了问题”。

概括“归零”工作的经过。你能从中体会到科技工作者们严谨、科学的态度吗？

长五遥二的问题在随后100天的归零工作

中逐步得到了聚焦：一台 YF-77 发动机出了问题。简单说，就是为泵输送燃气做功的通路堵了，影响了氧燃料的正常输送，缺少燃料的发动机自然很快就宕机了。

找到了问题，接下来就要找原因，然后对症下药，去找到解决问题的方法。

为什么会出问题？出问题的发动机产品最后是什么样子的？

搞了一辈子发动机研制工作的长五火箭总指挥王珏百思不得其解。2017 年 10 月，由国家国防科技工业局协调国家海洋局甚至还派出了“蛟龙号”，打算在发动机入海的海域进行打捞，让科学家们看到断裂后的氧涡轮泵的“真容”。很可惜，“大海捞针”没有成功。

看不到实物，只能靠大量的地面仿真和试验参数来进行验证。

航天科技集团六院北京 11 所的发动机专家王维彬是长五团队里的另一位副总设计师，主要分管 YF-77 发动机的研制工作。他对遥二的失败表示“不可思议”。在遥二飞行之前，YF-77 发动机已经经过了地面大大小小的试车考核，全部过关，从未出现过类似的问题。无数次的“彩排”从未有过差错，却怎么恰恰在正式演出时“掉链子”呢？

这是一个个案，还是一个批次问题呢？他的脑子里始终琢磨这个问题。

2017 年 10 月 2 日，YF–77 发动机故障定位工作完成；经过半年的改进，2018 年 4 月，长五火箭完成归零评审。其间，YF–77 发动机连续经历了 14 次试车考核，其中前 13 次为长程试车。试验很成功，大家都很高兴。

与此同时，火箭总体也加紧了对其他分系统、单机的 200 余项改进升级工作。YF–77 的失利，让很多人感到头上都悬着一把无形的“达摩克利斯之剑”，同时也对长五这个复杂巨系统更加充满了敬畏之心。

虽然这半年对很多人来说是昏天黑地、没日没夜，但成功找到了“拦路虎”，大家又有了前进的方向。瞄着让火箭尽快出厂、矗立在发射塔架上的目标，他们收拾行装，准备再次出发。

2018 年 11 月 30 日
意外，再次降临

2018 年年底，长五遥三火箭总装工作已经

进入尾声，火箭即将出厂，要去发射场执行任务的试验队员已经开始做出差的排期了。就在这个时候，位于北京云岗的试车台突然传来让大家震惊的消息。

有一台发动机试车出现了故障！从数据来看，故障参数和遥二非常接近。

在座的所有人都“感觉不好了”。

此刻，和这台故障发动机同批次的产品已经有两台安装在即将出厂的遥三火箭上！

直觉告诉王维彬，这说明过去为“遥二”开的药方还没有开准，或者说，还有问题大家没有找到。

这让很多人再次惊出一身冷汗。

这意味着，火箭如果就这样出厂进入发射程序，后果不堪设想。

“对于长五这个复杂巨系统工程，我们还有问题没有吃透，没有找准。”王珏总指挥和李东总设计师立即上报集团公司，建议暂停发射计划，火箭重新进行归零，绝不能带着隐患上天。

重新归零意味着什么？为什么一定要这样做？

此刻火箭装配工作已经完成了80%，装配师傅需要把火箭尾段进行拆解，让“整体变成部段”。

发动机专家们再次回到原点，对发动机的结构进行强化，确保发动机在火箭高温、强振动的“恶劣飞行工况”时能够“岿然不动”，全面提高发动机的可靠性。

随后发动机经历了两次试车考核，全部过关。遥三火箭再次准备出海，瞄着2019年年中进行发射的窗口来进行准备。

2019年4月4日
发射，再次暂缓

2019年4月4日——这一天，对王维彬来说是一个比自己生日还要记得清楚的日子。

交付后续飞行的发动机已经经过了地面考核，性能参数全部正常，不出意外的话将执行任务。但是细心的设计人员在分辨振动数据时，发现了一条异常频率线。

“绝不带疑点和隐患上天”，这一条铁律，铸就了中国航天的辉煌。

绝不带疑点和隐患上天，是中国航天的一条铁律。接下来的分解检查，大家发现发动机依然存在着隐患。

这个问题绝对不是偶然，YF-77发动机氧涡轮泵出问题的原因究竟是什么？

这让所有人陷入沉思，火箭副总指挥曲以广觉得似乎总有一种无形的力量一直在牵制整个研制工作。大家要找的那个“鬼”还隐藏在黑暗深处，正虎视眈眈地看着他们。

虎视眈眈的“鬼”并不可怕，找“鬼”的过程中，确保万无一失、缜密细致的航天品质令人敬佩！

大家迅速回到厂房，把所有之前经历过试车考核的YF-77发动机全部找出来，采用新手段进行加严检测。结果发现在同一个位置，多台发动机都产生了微小裂纹。

随着一次次暴露问题，长五研制团队对发动机问题的认识更深入了，也越来越逼近真相。“这就等于之前所有吃的药都只能强身健体，并没有根除病根。”王维彬说，这次终于击中要害了。

找到遥二失利的原因之后，火箭团队发现产品状态再也回不去了。一方面是亟待破解的“发动机之困”，一方面又是等不及的“时间后墙”。长五团队再次到了绝地反击的紧要关头。

中国运载火箭技术研究院党委书记李明华临危受命，被任命为长五遥三火箭的第一总指挥。在他的记忆中，这是中国航天20多年的发展历程中，第二次启动“第一总指挥”的模式。

历史就是这样巧合，两次都是他来担任。他也被很多人称为“救火队员”。

李明华把自己的工作总结为“把方向、出方法、调资源”。当务之急，他急需带领团队找到解决问题的方法，重拾信心，带领大家冲出重围。

6 月 24 日，李明华把王珏等核心人员叫到了他的办公室，集中破解难题。

大家围绕三种解决办法迅速进行讨论。

一种方法是“加强”，扛过去。可是加强到什么程度，上限在哪里？

未知！

一种方法是“躲过去”。可是大家发现面对长五这个“复杂巨系统工程”，技术状态一直在修正，根本回不到过去。

“躲过去”不可能！

还有一种方法就是“改”，“大改”还是“小改”？“大改”肯定时间不允许。

只能“小改”！

大家很快就“小改”的方向达成一致——通过结构设计优化的方式来提高发动机的可靠性，将发动机的性能再提高一个数量级。

一个月后，修正后的YF-77发动机再次被拉到了试车台。7月31日，紧张的试车工作再次展开，大家都知道“背水一战”意味着什么。

经过一系列试车考核后，王维彬向大家宣布：试车成功。所有的人都欢呼起来，掌声雷动。

这个答案，他们已经等待了太久。

2019年8月至10月
后墙，确保不倒

中国航天一向秉承“质量至上”的理念。在“进度”和“质量”的天平上，一定是毫不犹豫地偏向后者。

7月底，发动机的顽疾才被真正破解，此刻瞄着12月31日的发射窗口，时间不足5个月。除去发射场两个月的准备流程，留给长五的时间只有3个月了。

时间紧、工序多，中国航天面临着巨大考验。

此刻，还有这些工序需要完成——

拆卸原来带有质量隐患的YF-77发动机；

将发动机运至天津上箭装配、检测；

火箭从整体恢复到“运输状态”；

对已经两年多没有执行任务的发射场地面

设备进行检修恢复；

火箭“打包运输”；

……

对长五这个约57米高的“巨无霸”而言，可谓是“牵一发而动全身”。这其中还有多次评审会的流程，以及与外协单位的沟通配合。

遥二期间负责长五质量工作的杨慧此时开始负责长五的计划调度工作。为了确保长五的时间进度，她把对长五的管理精确到小时，把每一道工作的责任都落实到每一个人，一分一秒抢时间。而集团公司上下也以空前的力度全力保障长五遥三发射。

杨慧举了一个例子，发动机加工时需要的一种螺栓，按照正常的加工进度，产品交付需要3个月的周期。在长五这里，3天拿货！设计师几乎是拿着刚下线的产品，第一时间飞抵北京。

产品到手，会被迅速送到总装厂房。“大国工匠”高凤林师傅早已等候一旁。焊接一气呵成，完美！很快又进入下一个操作程序，一环扣一环，一分钟也不能耽搁。

中国航天60多年沉淀的“大力协同”的精神在长五遥三这里体现得淋漓尽致。

9月26日，第一台YF–77发动机如期上箭装配。按照李东总设计师的建议，首次采取了“垂直上箭”的操作方式，3天后，发动机就装配完成。

10月6日，第二台YF–77发动机上箭装配。

10月14日，发动机测试工作完成。

10月16日，芯一级箭体恢复至运输状态。同一天，“远望号”火箭运输船抵达天津港。

10月17日至21日，完成装船。

10月22日，装有长五的两艘“远望号”从天津港出发。

长五遥三火箭，这次终于踏上了征程！

为长五而战的勇士们，此时已经集结！

当听到“远望号”那声清脆的汽笛声时，到港送船的人群中有人默默擦拭着眼泪。

遭遇失败时，没有哭；

归零没日没夜时，没有哭；

一波三折看不到希望时，没有哭。

而当目送着长五远去的时候，很多人才发现，这些年投入到长五这项“国之重器”的航天工程中的，不仅仅是时间、智慧、精力、心血，还有对她深沉的爱。

伟大的事业孕育着伟大的精神，伟大的精神饱含着深沉的大爱！

学习提示

在中国航天60多年的发展史上，从未有这样一枚火箭让人们如此关注、如此揪心。有人说，它的成功，至少关系中国航天未来20年的发展。它就是我国目前运载能力最大的火箭——长征五号运载火箭。从2017年7月2日长五遥二失利，到2019年12月27日长五遥三发射成功，908个日夜，对于长五研制团队这支钢铁之师而言，究竟经历了什么？从失败到成功，这背后又要经历哪些“不可承受之重”？

这篇文章展现了中国航天团队自强奉献的航天精神，浏览时注意通过小标题的提示，抓住每一节的重点；在提高阅读速度的同时，也要注意体会字里行间所蕴含的情感。

1.“流浪地球”的目的地

⊙乔　辉

《流浪地球》中，人类要带着地球飞往哪里呢？当然是越近的地方越好了。我们知道，除太阳外，距离地球最近的恒星是“比邻星”，只有 4.22 光年。当然，4.22 光年对于我们来说也是巨大的空间尺度了，要知道 1 光年大约等于 9.5 万亿公里。

目前，飞往外太空的最快探测器是“旅行者一号”，它正在以 17 公里 / 秒的速度在星际空间中飞奔。如果让“旅行者一号”飞往比邻星，那么需要 7 万多年才能抵达。

比邻星所在的恒星系统其实是包含了三颗恒星。其中两颗恒星离得很近，从远处看起来就像是一颗恒星，比邻星由于亮度太小，裸眼无法看到，要用好一点的望远镜才行。由于这三颗星是半人马座最亮的星点，因此称为“半人马座 α”星。

具体来讲，半人马座 α 星是由两颗太阳大小的恒星相互围绕公转，外加一颗相对距离较远的“比邻星”组成。这个恒星系统也是刘慈欣《三体》小说的切入点。实际上，这样的三体系统是稳定的，不会造成《三体》中所描述的“恒纪元”和“乱纪元”现象。

比邻星适合生命生存吗?

在 2016 年，欧洲南方天文台发现一颗行星围绕比邻星公转，该行星距离比邻星约 0.05 个天文单位（约 750 万公里），质量相当于地球的 1.3 倍。令人兴奋的是，该行星可能处于比邻星的“宜居带”中。宜居带是指行星距离恒星远近合适的区域，在这一区域内，恒星传递给行星的热量适中，既不会太热也不会太冷，能够维持液态水的存在。比邻星周围适合生命居住吗？回答这个问题之前，我们先要了解一下这颗小恒星的脾气。

比邻星是一颗红矮星，大量的辐射都在红外波段，可见光亮度大约只有太阳的 1 / 10000。比邻星质量大约是太阳的 1 / 8，直径大约是太阳的 1 / 7，因此，平均密度竟高达太阳的 33 倍！由于红矮星核聚变很慢，而且能够充分聚变氢元素，科学家估计，比邻星的寿命可达 400 万亿年，相比之下，太阳的寿命仅 100 亿年。

由于比邻星的质量较小，整个星体都处于对流状态，不像太阳内部那样有分层结构，这样就使得氦元素无法在核心处积累，而是分散至整个星体。整个星体的强烈对流能够形成很强的磁场，磁场的能量释放就会出现耀斑和黑子现象。比邻星上的耀斑要比太阳强烈得多，甚至能够波及整个恒星的表面，2700 万度耀斑到了能够释放 X 射线的程度。平静时期 X 射线释放功率为 1000 亿亿瓦，峰值时释放 X 射线的功率甚至达到 10 万亿亿瓦。

比邻星的寿命虽长，但由于磁场活动强烈，表面有大量的耀斑活动，能量输出不太稳定，而且还释放大量的 X 射线辐射，像我们地球人肯定受不了，理论上并不适合生命在其周围安家，因此，流浪地球可能还要继续流浪，换一个像太阳一样的恒星。这样看来，半人马座 α 星中的另外两颗恒星反而更适合。

比邻星与“突破摄星计划”

2016年4月12日，著名的俄罗斯投资人尤里·米尔纳宣布了“突破摄星计划”。霍金还亲临现场为该计划站台助威。

该计划设想在地面上建设激光阵列，然后利用激光产生的光压推动极薄、极轻的光帆高速前进，在 200 万公里的距离上完成加速过程，并使光帆的速度达到光速的 20%！以这样的高速奔向比邻星所在的恒星系统仅需 20 年。

光帆携带一个厘米大小的芯片，小小的芯片上面集成有核电池、微处理器、导航系统、通信系统以及高清相机等等，真可谓是“麻雀虽小，五脏俱全”，是一枚真正的探测器。为了节约加速能量，光帆和芯片的质量限制在克量级。光帆和微芯片的组合体可以成群地运行在地球轨道上，等待激光阵列的加速一个个奔向深空。

当然，这个激进的设想给当前人类的科技水平提出了很大的挑战！激光器的连续输出功率要求为 100 吉瓦（1 亿千瓦），相当于五个三峡水电站的输出功率。这样强大的激光对光帆来说简直是噩梦，在承受极大光压的同时，还要承受极高的温度。抵达目标后，微芯片探测器想要把信息发回 4.22 光年之遥的地球并被接收难度极大，因为芯片的发射功率实在有限。

流浪的行星

《流浪地球》中地球成为一颗在宇宙中航行的“流浪地球”，当然也是一颗“流浪行星”。

现实中，科学家还真发现宇宙中有流浪行星，这样的行星不隶属于任何恒星。据估算，银河系内流浪行星的数量可达数百亿颗。

科学家可以利用“微引力透镜法”探测流浪行星。简单来说，微引力透镜是指当有未知天体经过背景恒星时，未知天体的引力作用就会把恒星的光线聚焦变亮。截至目前，已经确认的流浪行星有十颗，候选者有九颗。

流浪行星的形成有多种原因，质量较大的可能是像恒星那样独立形成的，例如有很多行星的质量已经逼近褐矮星的程度。有些可能是中央恒星发生超新星爆炸，行星被冲击到宇宙空间。还有一些可能是在恒星系统形成的过程中，被其他行星的引力作用抛出去的。自从牛顿发现万有引力定律解释了行星运动以来，科学家就发现，由于行星系统是多体相互作用，其实是一个混沌系统，长期来看运动是不可预测的，有一种可能就是某颗行星会被抛出太阳系。还有一种更精彩的情况，当恒星被黑洞吞噬的时候，其携带的行星有可能被抛射出去，形成速度极快的流浪行星。

更奇特的情况就是《流浪地球》中被高等智慧生命驱动，在宇宙中寻找合适家园的流浪行星。

2.“玉兔二号”旅行记

⊙赵　聪

深邃辽远的太空，星斗各司其位，万物静默如迷。沉默了千百万年的月球背面，或许没想到，人类有一天会派使者到访。它有点受宠若惊，甚至有点委屈：人类终于想到自己了。

多少年来，它为人类承受了太多，甚至被称为“麻子脸”。在它身上，布满了大大小小的坑，数量比月球正面多得多，大部分是由陨石撞击而成——它毫无遮拦地将自己暴露在太空中，为地球挡住了天降陨石。

如今，终于有人来探望自己了。

驾悬梯　初登月背

2019 年 1 月 3 日，“嫦娥四号”稳稳地落在月球背面靠近南极 – 艾特肯盆地。随后，着陆器和巡视器（巡视器也叫月球车，昵称“玉兔二号”）开始分离。被紧紧拥抱了一路，“玉兔二号”迫不及待地探出头来。

它四下张望，发现身处一块稍显单调的寂静之地。周遭布满了大小坑谷与山峦，或深或浅，或高或低。四周没有一个人影，也没有一只“兔影”，虽然听说有个姐姐也在这里，但好像在星球的另一面。

登高远眺后，“玉兔二号”有点犯难：“台阶”实在是太高了，如何才能从高高的着陆器上走下去？一架“悬梯”从眼前缓缓伸展开来，直通月面。这是贴心的航天设计师们为巡视器设计的两根导轨，类似古代的吊桥。只要“玉兔二号”能精确地将左右两边的车轮分别行驶到两根导轨上，并保持稳定，就可以安全到达月背。

但“玉兔二号”依然有点心慌：保持稳定可不是件容易事儿，万一掉下去，岂不粉身碎骨？它试着迈出“双脚”，发现轮子一接触导轨，就牢牢地“粘”在了上面，根本不会脚滑。它欣喜若狂，开始千恩万谢身在遥远地球上的“造型师”来。

这的确是“造型师”的功劳。为了防止“玉兔二号”滑落，设计师们发现可以从车轮的棘爪入手，使车轮棘爪与导轨悬梯上的棘齿咬合，月球车就可以稳稳地停在导轨上。

“玉兔二号”另外一个惊喜的发现是：轮子超轻，迈起来丝毫不费力。这得益于设计师首次为“玉兔”量身定制的筛网轮。轮子是网状的材质搭配棘爪，一个车轮仅 735 克，比市面上婴儿车的车轮还轻。

探明虚实后，“玉兔二号”的心终于踏实下来，开始向着月面进发。它抬脚向前，待到车轮的棘爪与导轨咬合之后，才踏出下一步。为了代表人类完成首次月背行走，“玉兔二号”小心翼翼、慎之又慎。在行进的过程中，“玉兔二号”开动脑筋，梳理自己的功能。它发现，除了能够前进、后退、转向、制动外，自己还可以越障、过坑。“玉兔二号”放下心来：起码在月面行驶是没有问题了。

1 月 3 日晚 10 时 22 分，“玉兔二号”终于踏上了月球表面。虽然走下这段短短悬梯的过程有点漫长——差不多 12 个小时，比它的姐姐“玉兔号”还长 4 个多小时。但它依然难掩激动之情，甚至相当自豪——

它代表人类，第一次正式踏上了月球背面了！

调整状态后，“玉兔二号”继续向着前方行走。它明白，它的任务远远不是踏上月背这么简单，它还要执行更多的科学探测任务。

车轮碾过厚厚的月壤，留下了深深的印记。在平整、无人涉足的月背表面，两道轮痕分外清晰。怀揣着梦想的“玉兔二号”踏尘前行，它身后的“嫦娥四号”启动相机，记录下了这历史性的一幕。

漫长等待后的“惊喜”

为了这一刻，“玉兔二号”等待了太久。

虽然不愿意告诉别人，但它不得不承认，自己年龄不小了。早在数年前，它几乎与“嫦娥三号”怀抱中的“玉兔”姐姐同一天降生。2013 年，姐姐作为中国首辆月球车，顺利驶抵月球表面。为姐姐高兴的同时，“玉兔二号”开始为自己的前途担忧起来。

差不多两年后，2015 年年底，好消息传来：“嫦娥四号”任务可以组织实施了。这意味着自己将代表人类，首次到月球背面登陆巡视。刚听到这个消息时，它甚至有点飘飘然了。但很快，理性把它拉回到现实：执行任务要等到三年以后，这三年里，它必须保证自己的腿脚依然健壮，能经受住万里跋涉的艰辛以及月背生存的挑战。

说实话，这有点难。因为它看到设计师们也犯了难：自己的产品几乎与“嫦娥三号”同步生产，到“嫦娥四号”计划发射的2018年，已经过去整整5年，超出了原有贮存期。

到底是沿用原来的产品，还是重新投产？设计师们做起了试验，他们从贮存环境、机理分析、同状态类似地面贮存产品试验验证、其他型号技术调研等方面入手，结合“嫦娥四号”本身产品的热试验、力学试验、展开试验等性能测试、验证，一项项地测试它的小身板是否还能经得起折腾。试验结果一方面让“玉兔二号”大为开心：它性能良好，基本能够满足任务需要，可以直接沿用。另一方面，“玉兔二号”更加放心了：原来航天设计师们这么厉害，早就把我打造成了金刚之躯。

2018年5月，“玉兔二号”听到一个好消息：“鹊桥”中继星上天了。它很清楚，这是设计师给它安装的一部太空电话。它可以通过这座“鹊桥”与地球上的亲人们保持联系。它开始迫不及待地盼望起来：好希望自己上战场那一刻早点到来。

又过了半年，“电话”经过测试，通信毫无障碍。终于轮到自己上场了。2018年12月，它被放在“嫦娥四号”的怀抱中，搭乘长征三号乙运载火箭在西昌卫星发射中心轰轰烈烈地上路了。

如今，站在月背之上，回想起这些跌宕起伏的经历，“玉兔二号”感慨万千，也更加坚定了不辱使命的决心。它提高效率，开始心无旁骛地做起事情来。

很快，第一个午休时刻到来了。1 月 4 日，月球表面迎来了正午时刻，太阳已经升起很高了，温度也逼近 100 摄氏度，说是“酷暑难当”一点都不为过。为了防止自己变成一只“烤兔子”，“玉兔二号”调整太阳帆板方向，将它巧妙地从能量“加油站”变成一把隔绝热量的“太阳伞”，趴下来睡着了。

“玉兔二号”心里很明白，自己在月球上，有充足的睡眠时间。到了月夜，最低温度可达零下 180 摄氏度，在没有光照的漫长黑夜里，对于依靠太阳能提供能量的它来说，如何依靠自身存储的能量安全度过月夜将是一个很大的挑战。

一个月夜相当于地球上的 14 天。当月夜降临时，“玉兔二号”会为自己找好栖身之所，收起桅杆，合上太阳翼，开始休眠。当太阳缓慢地升起时，它将被唤醒，开始 14 天忙碌的“东奔西走”探测工作。

“玉兔二号”从来不为自己的能量担忧。它采用了目前国内最先进的高效三结砷化镓太阳电池，光电转换效率从原先的 28.6% 提升到 30.84%。新的电池多个技术指标均优于原电池，其可靠性也已经过多个型号的在轨及地面考核验证。

“玉兔二号”还了解到，设计师为它定义了感知、移动、探测、充电、安全、月昼转月夜、休眠、月夜转月昼等多种工作模式，以应对不同工作环境、适应不同工作状态的要求。

决定“搞点事情”

1959 年 10 月，苏联月球 3 号探测器首次一窥月球背面，传回月球背面的第一张照片后，月球背面的“真容”第一次被揭开。

1968 年 12 月，美国“阿波罗 10 号”在进行环月飞行时，航天员首次目睹月背。他描述说：“月球背面看起来像我在孩提时玩过一段时间的沙堆，它们全都被翻起来，没有边界，到处是碰撞痕和坑洞。”

2019 年 1 月，中国“嫦娥四号” 首登月背，“玉兔二号”开始代表全人类展开第一次月球背面的漫步之旅。

这一次，“玉兔二号”专程为月背而来。此外，“玉兔二号”还是来到月球的第七辆月球车。自打 1973 年之后，整整 40 年，再无月球车踏足月面。

直到 2013 年，中国“玉兔号”月球车才最终打破月面长久的沉寂。如今，“玉兔二号”是 40 年来的第二辆月球车。

回想起这些，“玉兔二号”觉着自己必须拿出点真本事来，为人类留下点什么。

按照最初的目标，“玉兔二号” 远赴月背，不仅仅是为了写下一句“到此一游”，而是真的要“搞点事情”。按照目前可以查询到的资料，它要巡视探测的区域是月球背面的南极 – 艾特肯盆地内的冯 · 卡门撞击坑。这是整个太阳系最大、最古老的撞击盆地，保存了原始月壳的岩石，具有较高的科学探测价值，普遍被认为是未来载人月球探测的候选着陆点之一。

“真是任重而道远啊！”

“玉兔二号”开始细数自己携带来的“法宝”：一共 4 件，包括国内研制的全景相机、红外成像光谱仪、测月雷达以及与瑞典合作的中性原子分析仪。

对于这些法宝的功能，“玉兔二号”烂熟于心。全景相机是用于获取巡视区的月表图像；红外成像光谱仪主要用于获取巡视探测点的月表光谱数据和几何图像数据；测月雷达是用于探测巡视路线上的月壤厚度和月壳浅层结构；中性原子分析仪用来进行国际首次月表能量中性原子探测。

临行时，“嫦娥四号”探测器项目执行总监张熇叮嘱它的话言犹在耳：“因为没有别的月球车到过月球背面，所以不论是探地形还是探月壤成分，你得到的应该都是人类第一次获得的数据。”

想到这些，这位登临月背“第一兔” 开始“兔不停蹄”地干起活儿来。

（本文写于 2019 年 2 月，有删改）

单元学习任务

任务一

宇宙有无穷的奥秘，太空是永恒的财富。不断探寻宇宙奥秘，和平利用太空资源，使之造福于人类，是人类的共同目标。阅读本单元文章，我们不仅了解了我国航天事业不断取得的举世瞩目的成就，也深深感受到中国航天人在奋斗中展现出的航天精神。请你阅读本单元文章，尝试概括中国航天精神的内涵，并说说你的依据。

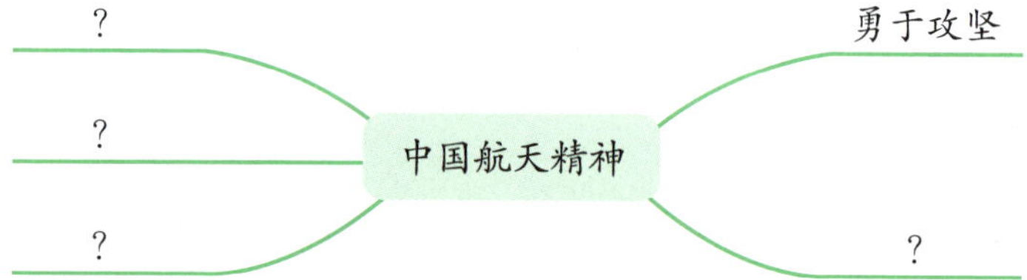

任务二

本单元文章在叙述事件和报道人物时语言平实、准确，但同时也重视表达的生动性，而且细节的捕捉与刻画往往蕴含着丰富的情感。请你任选三篇文章，认真阅读，完成下表。

所选篇目	表达生动的句子（或细节）	赏析

任务三

中华民族是这个星球上最早仰望星空的民族之一。“嫦娥奔月”等脍炙人口的传说代表了人们最早的登月遐想。新中国成立后，特别是改革开放以来，中国的航天技术日新月异，突飞猛进。中国航天科技的发展让我们感到骄傲，人类探索宇宙奥秘的伟大事业正等待着同学们的加入！

请你利用图书馆、网络等资源，查找中国太空探索的发展历程，将你的发现填写在下面的方框中。

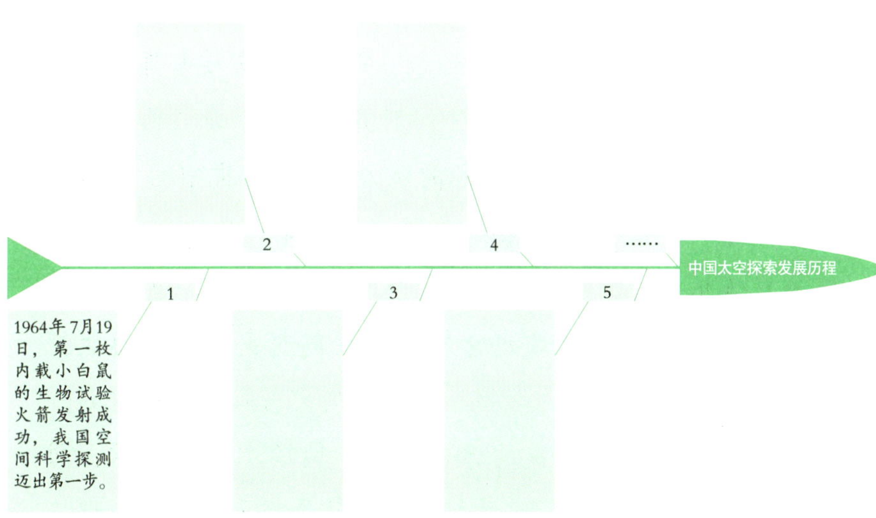

科幻华章

“科幻对于我们不仅仅是一种文学样式，还是一个完整的精神世界，一种生活方式。”将坚实的文学基础和厚重的人文情怀寓于幻想的故事中，创造出一个个奇妙而又合理的想象天地，这就是科幻作品的魅力。科幻小说中的“科学”是“幻想”的基础，“幻想”更要突破具体科学技术的限制，充分发挥想象力，将人文关怀与科学意识融会在一起。

本单元所选文章通过奇特而合理的想象、感人而曲折的情节、丰满而立体的人物、立意深刻又引人深思的主题，向我们展示了科幻小说的冰山一角。阅读本单元文章，同学们要仔细揣摩细节，感受科幻作品“异想天开”的妙趣，以及充盈丰沛的人文关怀。

1. 微纪元（节选）

⊙刘慈欣

先行者知道，他现在是全宇宙中唯一的一个人了。

那事已经发生过了。

其实，在他启程时人类已经知道那事要发生了。人类发射了一艘恒星际飞船，在周围 100 光年以内寻找带有可移民行星的恒星。宇航员被称为先行者。

飞船航行了 23 年时间，由于速度接近光速，地球时间已过去了两万五千年。

飞船继续飞向太阳系深处。先行者没再关注别的行星，径直飞回地球。啊，我的蓝色水晶球……先行者闭起双眼默祷着，过了很长时间，才强迫自己睁开双眼。

他看到了一个黑白相间的地球。

黑色的是熔化后又凝结的岩石，白色的是蒸发后又冻结的海洋。

飞船进入低轨道，从黑色的大陆和白色的海洋上空缓缓越过，先行者没有看到任何遗迹，一切都熔化了，文明已成过眼烟云。

这时，飞船收到了从地面发来的一束视频信号，显示在屏幕上。

先行者看到了一个城市的图像：先看到如林的细长的高楼群，镜头降下去，出现了一个广场，广场上一片人海，所有的人都在仰望天空。镜头最后停在广场正中的平台上，那儿站着一个漂亮姑娘，好像只有十几岁。她在屏幕上冲着先行者挥手，娇滴滴地喊："喂，我们看到你了！你是先行者？"

在旅途的最后几年，先行者的大部分时间是在虚拟现实的游戏中度过的。在游戏里，计算机接收玩者的大脑信号，构筑一个三维画面，画面中的人和物还可根据玩者的思想做出有限的互动。先行者曾在寂寞中构筑过从家庭到王国的无数个虚拟世界，所以现在他一眼就看出这是一幅这样的画面，可能来自大灾难前遗留下来的某种自动装置。

"那么，现在还有人活着吗？"先行者问。

"您这样的人吗？"姑娘天真地反问。

"当然是我这样的真人，不是你这样的虚拟人。"

姑娘两只小手在胸前绞着，"您是最后一个这样的人了，如果不克隆的话……呜呜……"姑娘捂着脸哭起来。

先行者的心如沉海底。

"您怎么不问我是谁呢？"姑娘抬头仰望着他，又恢复了那副天真神色，好像转眼就忘了刚才的悲伤。

"我没兴趣。"

姑娘娇滴滴地大喊："我是地球领袖啊！"

先行者不想再玩这种无聊的游戏了，他起身要走。

“您怎么这样！全城人民都在这儿迎接您，前辈，您不要不理我们啊！”

先行者想起了什么，转过身来问：“人类还留下了什么？”

“照我们的指引着陆，您就会知道！”

先行者进入了着陆舱，在那束信息波的指引下开始着陆。

他戴着一副视频眼镜，可以从其中一个镜片上看到信息波传来的画面。画面上，那姑娘唱起歌来：

啊，尊敬的使者，你来自宏纪元！

伟大的宏纪元，

美丽的宏纪元，

你是烈火中消逝的梦……

人海沸腾起来，所有人都大声合唱：“宏纪元，宏纪元……”

先行者实在受不了了，他把声音和图像一起关掉。但过了一会儿，当感觉到着陆舱接触地面的震动时，他产生了一个幻觉：也许真的降落在一个高空看不清楚的城市了？他走出着陆舱，站在那一望无际的黑色荒原上时，幻觉消失，失望使他浑身冰冷。

先行者打开面罩，一股寒气扑面而来，空气很是稀薄，但能维持人的呼吸。气温在零下 40 摄氏度左右。天空呈一种大灾难前黎明或黄昏时的深蓝色。脚下是刚凝结了两千年左右的大地，到处可见岩浆流动的波纹形状，地面虽已开始风化，仍然很硬，土壤很难见到。这片带波纹的大地伸向天边，其间有一些小小的丘陵。

先行者看到了信息波的发射源，一个镶在岩石中的透明半球护面，直径大约有一米，下面似乎扣着一片很复杂的结构。他注意到远处还有几个这样的透明半球，像地面上的几个大水泡，反射着阳光。

先行者又打开了画面，虚拟世界中，那个小骗子仍在忘情地唱着，广场上所有的人都在欢呼。

先行者麻木地站着，深蓝色的苍穹中，明亮的太阳和晶莹的星星在闪耀，整个宇宙围绕着他——最后一个人类。

孤独像雪崩一样埋住了他，他蹲下来捂住脸抽泣起来。

歌声戛然而止，虚拟画面中的所有人都关切地看着他，那姑娘嫣然一笑。

“您对人类这么没信心吗？”

这话中有一种东西使先行者浑身一震，他真的感觉到了什么，站起身来。他走近那个透明的半球，俯身向里面看。

那个城市不是虚拟的，它就像两万五千年前人类的城市一样真实，它就在这个一米直径的半球形透明玻璃罩中。

人类还在，文明还在。

“前辈，微纪元欢迎您！”

2. 告别太阳的那一天

⊙江　波

终于到了告别太阳的那一天。

无边量子号仍旧被无边无际的尘埃云包围，星光暗淡，太阳也不见踪影，然而船长告诉我，今天就是告别太阳的日子。一个虫洞会打开，无边量子号将跨向另一个时空。

这该是件被人期盼已久的事，我却有几分怀疑。

“快点开始准备吧，穿上你最好的衣服，我们要进行太空作业。”船长这么吩咐我。这个要求很奇怪，因为船上的每个乘员，都只有两套衣服而已。一套干净，一套脏点，和最好的衣服似乎不沾边。

然而我没有争辩，只是点点头，然后走出了船长舱。

阿强在外边等我。

“他和你说了？”阿强问。

我点点头。

阿强是我最好的朋友，我在火星基地认识了他。从火星上的好望角深空探测基地出发，无边量子号就成了我们的家，两年半的旅途，我们经过了木星、土星、海王星，每一次造访行星的时刻，我们都是搭档。这一次我们要再次搭档了。

“太好了！”阿强挥了挥胳膊，“早就憋坏了，终于又可以出舱了。”

“但是这里什么都没有，根本就没有什么天体，更没有虫洞。”我说出了自己的怀疑，“而且，你不觉得船长很怪吗？本来他下个命令就可以了，但是他却把我们一个个找进船长舱，而交代的话又都一样……”

“你想多了！”阿强不以为然地打断我，他伸手搭住我的肩膀，“现在，我们去做准备吧，这一次，一定要得第一！”

我点点头。得第一是阿强的口头禅，或者说是他的强迫症。事实上，自从我们搭档以来，从来没有得过第一，最好的一次成绩，不过是排在二十开外。然而，阿强得第一的信念从来没有动摇过。

阿强伸出了拳头，我同样伸出拳头。两个拳头碰在一起，随即分开，拳头张开，变作手掌，再次拍在一起，“啪”的一声，清脆响亮。

这是我们的战前动员。

这一次的出舱行动果然和往常不一样。船坞甲板上人挨着人，至少有上百人，也许全部学员都被船长派遣了出来。透过巨大的舷窗，可以看见外边的世界，船头上时不时有辉光闪过，那是原子收集装置捕获气体分子的痕迹。稀疏的氢气云是个危险的所在，如果没有护盾保护，宇宙尘埃会腐蚀航天服。这儿根本不适合太空行走。

太阳呢？根本看不见太阳的任何踪迹。在火星上，太阳是天空中赤色的球体，就像十厘米距离处一元硬币的大小；到了冥王星轨道，太阳仍旧是最明亮的天体，虽然看上去并不比星星更大，至少也是最明亮的一颗；可到了这儿，深入一团气体云中，太阳根本不可见。在这里告别太阳，感觉很奇怪。

船长的广播响了起来。

“同学们，你们都是勇敢的探险者，一路上完成了各种艰巨的任务，我为你们感到骄傲。今天，我们将进行最后一项任务，完成之后，你们将从学院毕业，代表人类踏上深空之旅。”

通信频道暂时被锁定，没有办法说话，学员们彼此间交流着眼神。我和阿强相互看了一眼，阿强向我一笑，竖起大拇指。

“这一次，指挥部并不指定特定任务。你们每两人一组，可以拥有一艘小型探索飞船，随意探索周围的空间，在任何情况下，都可以中止探索，回到无边量子号上。”

“现在，可以开始了。”

船长讲完话了，但他居然一句也没有提到告别太阳的事，我正有些意外，耳机里响起了阿强的声音：“快，木头，我们不能落后啊！”

动作快的学员已经开着探索飞船出发了。

我和阿强坐进了 2084 号探索船里。阿强熟练地操作飞船从发射舱脱离。我们的飞船飞快地超越了一艘又一艘飞船，每次超越，阿强都会兴奋地大喊一声。

“这样飞不远。”我提醒他。

“没关系，只要能拿到第一就好。”

不过一个小时，我们的飞船就超越了最后一个目标。其实也并没有什么目标，因为所有的飞船都没有方向，大家只是随意地飞行。至少在我们的这个方向上，我们是距离无边量子号最远的一组。

“接下来该怎么办？”阿强问。他终于意识到其实并没有什么目标可以实现。

“这真是一次奇怪的探索行动。”他又说，“没有目标，我们距离母舰也挺远了。”

我点点头。

“你倒是出个主意啊！”阿强有些急了。

“我们回去吧。”我说道。既然这里没有任何东西，那么就回去看看船长怎么说。

阿强没有回答我的提议。他突然发出一声惊呼：“无边量子号……无边量子号爆炸了！”他的话语中带着些磕巴，显然受到了极大的惊吓。我迅速扭头望去，果然，黑色天宇中，一团巨大的火焰正在燃烧。那正是无边量子号曾经的所在。无边量子号的信号指示也随之消失。

这怎么可能！我的心头猛然一抽。“告别太阳”，这是否就是船长的隐喻？他知道无边量子号会出事？！

别的学员显然也注意到了这点，有几艘探索船正掉头向着无边量子号的方位飞去。

“我们飞回去看看。”阿强说着就想掉头。

如果无边量子号真的爆炸了，飞回去也没什么用。

“不如关闭引擎，让飞船自己飞。”我提出建议。

“为什么？”

“我们需要时间检查一下装备，无边量子号已经爆炸了，我们的船飞回去也没什么帮助。”

“但是它万一还在呢？”阿强反问。

“那样它就会找到我们。”我平静地回答。

阿强沉默了片刻，放开了手中的操纵杆：“听你的，我先去检查一下氧气供应。天知道他们到底有没有给我们足够的氧气。”

说着，他已经起身，向着后舱移动。

2084号探索船凭着惯性在尘埃云中穿梭。其他探索船采用了各式各样的轨道，其中大多数都徘徊在无边量子号燃起的熊熊火焰旁，焦急地等待消息。无论如何呼叫，通信频道始终保持静默，没有一丝回应。那只有一种可能，就是无边量子号真的毁了。

在惯性飞行中，我和阿强一起检查了探索船的装备。船上的紧急冬眠舱只能装下一个人，可以让人保持在假死状态二十四小时，而氧气的存量，其实只够两个人使用十六小时，另外还有一件宇航服，氧气配置充分，大概可以呼吸六个小时，还有简易的移动控制装置。

检查完这些，我和阿强都沉默下来。最多四十小时，如果不能回到母舰，我们就死了。无边量子号已经毁灭了，那么就算加上假死冬眠，我们活不过四十小时。

阿强苦笑一下：“一个人冬眠，另一个人的氧气用量可以多维持些时候。”

其实那也没什么差别。在这个远离人类文明的所在，多活几个小时也不过是多一些绝望的时刻。

“你去冬眠吧，”阿强说，“我来把飞船开回去，至少距离无边量子号近些。”

“还是你冬眠吧。”我回答，“你的个头比我大，氧气消耗比我大，我在这里，时间可以维持长久一些。你说呢？”

阿强一愣，随即回答：“好，就这么定了。”虽然每一次他都像是那个拿主意的人，但是他从来都对我言听计从。他相信我，就像我相信他。在学院里，虽然我们不是最优秀的，却是最默契的搭档。

然而就算是最默契的，剩下的也不过是四十个小时而已。

阿强进入了冬眠。系统启动的时刻，他看着我，说：“如果醒不过来，我就提前道别了。”

“不管是不是能获救，我都会让你醒过来。”我回答。

他咧嘴一笑，挥了挥手。他以为这是诀别。

我也挥了挥手。我知道这是诀别，只不过那离开的人是我。

阿强没有接受过冬眠的培训，他不知道所谓的二十四小时假死状态，其实并不是说二十四小时后不苏醒，冬眠的人就永远不能醒过来。二十四小时内，人体内的氧气可以提供消耗，而超出二十四小时，只要氧气的供应不断绝，冬眠就可以一直维持下去，一年，十年，甚至一百年。只需要一个呼救装置和正确的轨道，阿强就能得到生还的机会。

我飞快地在控制电脑上计算轨迹，寻找让探索船环绕无边量子号残迹的可能性。最后我放弃了，这没有任何可能。如果不加控制，一旦探索船燃料耗尽，只会距离无边量子号越来越远。

但是设计一条轨迹指向火星，这是可能的。只需要正确的加速方向，以及在正确的位置利用行星引力加速。这是一道标准的学院考题，答案是八年后，探索船可以进入火星轨道，并且在轨道上徘徊两年，如果还没有得到救援，飞船就会坠毁在火星上。坠毁是最糟糕的结局，也许算是魂归故土吧。但是火星基地的人不会迟钝到对一个不明飞行物不闻不问两年之久。我相信，他们会行动的，把阿强救下来。

我长长舒了一口气。

该轮到我行动了。为了让阿强维持冬眠到火星，必须将剩下的氧气都留给他。

那件太空服，则是留给我的。

该出舱了。从飞出舱门的那一刻起，我的生命将只剩下六小时，为了断绝临死挣扎重回舱内的可能，我打算将宇航服的动力装置打到最大，远远离开飞船，飘向尘埃云深处。

我看了看冬眠舱中的阿强，伸出拳头在舱盖上轻轻碰了碰。永别了，阿强。换一个搭档，也许你就能得第一了。舱门打开，我飞了出去。这将是我最后一次太空行走。

然而，眼前的情形让我吃惊。无边量子号！它仍旧在那里！

一时间我蒙了。

宇航服内的耳机重新响了起来："李子牧，请回到飞船内。测试结束，请回到飞船内等待结果。"

这是一场测试?！我不敢相信自己的耳朵。

母舰还在，我还能活下去。这简直太好了！

不知不觉间，我发现自己竟然在哭。

三十小时后，所有飞船的测试都结束了。

原来，这是一次全盲的虚拟测试，我们所见的爆炸，不过是投射在舱内的虚拟增强现实。船上的器具也经过精心设计，包括只容一人的冬眠舱和仅仅维持六小时的宇航服。甚至连二人组合的搭配也经过精心设计，只有一个人知道冬眠舱可以维持很久，而另一个只知道冬眠舱可以让人假死二十四小时。然而，进入冬眠舱的人只有在外部帮助下才能设置氧气供给，不然假死初期氧气太浓会让人中毒，太稀薄又让人窒息，无论怎样都无法活着出来。

一百一十二艘探索船中，七十五艘发生了争执，甚至打斗，不得不中止测试。二十三艘船上，冬眠的只管冬眠，醒着的人也并没有去设法拯救他。还有十三艘船上，什么也没有发生，两个人一起静静地等死。

只有我和阿强的船上，发生了一些不一样的事。

在船长室里，我又见到船长。

"星际旅行是高度危险的事，不仅需要专业，更需要勇于牺牲的精神，恭喜你通过了测试。"船长说。

"但是这有什么意义吗？"我问。

“当然，我告诉过你，今天是告别太阳之日。”

我不明白，于是看着船长，等着下文。

“你将作为支援舰队的船员前往开普勒星球，投入第二地球的建设。我们会在无边量子号和无畏先驱号之间架设量子传输舱，除了必要的装备之外，只能允许两名学员被传输过去。我要向你致敬，你将是人类的先驱者。”

我用了十多秒钟消化这个消息，过了半晌，终于问道：“那另一名学员是谁？阿强吗？”

“另一位学员由你来提名，如果你提名丁子强，那也没有问题。”

那么，阿强将和我继续搭档。

一切都变得明晰起来，多年的学院生活将迎来终结，我们将如愿以偿，踏上星辰大海的征途。

无边量子号启动了尘埃吸收，这被当作场景设计的尘埃云快速消散，星空逐渐显露出来。

我很快在浩瀚的星海中找到了太阳，它就像一枚发亮的大头针钉在天幕上。地球和火星太过于渺小，根本就看不见。向太阳告别，那是在星海间漫游的人们最希望能做到的事吧。

无边量子号在星海间闪闪发光。

“木头！”阿强的喊声从背后传来。

我露出微笑。

（有删改）

3. 2.013

⊙刘　洋

它就这么孤零零地闯进了我们的视野：一个椭圆形的大家伙，破破烂烂，遍布裂痕，像是在某种巨大的压力下崩解了似的。虽然早已失去了动力，但凭着惯性，在各种星体的引力拉拽下，它还是来到了我们这个位于柯伊伯带的观察站附近。

确定没有威胁之后，我和古河决定去查看一下。

我们小心地拉开它扭曲的舱门。什么东西卡在封闭栓里了，门只能打开一半。里面的陈设还基本保持完好，只是不知为何，所有的东西都呈现出一种扭曲的状态，让人想起某种后现代的雕塑作品。最后，在一个金属箱子里，我们看到了“他”。

“他”早已死去，肢体僵硬，全身没有任何新陈代谢的迹象。出人意料的是，“他”除了头部呈现倒三角形的奇怪形状，身体的其他部分竟然和人类惊人的相似。

在一个柜子里，我们发现了很多如同胶皮一样的东西，上面写满了各种奇怪的符号。

我们把它们扫描下来，试着用文字破译软件碰碰运气。破译过程花费了大概一周的时间，最后我们得到了一本类似学习笔记或是日记的东西。

我觉得其中很有意义的是以下几则。

第 103 节

昨天学习了面积定律：一个方形的面积等于长度乘以宽度。

老师出的作业我都完成了，包括最后一道题：计算一个不规则形状的面积。我把它分割成几个小块，然后拼接起来，正好可以组合成一个方形。今天上课的时候，老师特别表扬了我。他说班上只有我一个人做出了这道题目——我想这和我喜欢玩剪纸应该有一定的关系。

我真是太高兴了。数学没有他们说得那么难嘛，我觉得还挺有意思的。

第 197 节

很多人说，升入六年级以后，数学就变得特别难。其实我觉得并不难，只是计算变得烦琐了。

比如昨天学过的勾股定理：在一个直角三角形中，两个直角边的平方和，等于斜边的 S 次方。S 就是俗称的勾股常数，约等于 2.013。一千年以前，古代的数学家们就把 S 的准确值推算到了小数点后 28 位。

实际上用不到那么多位，在实际生活中，大概取到 2.013 就可以了。老师是这么说的。

虽然如此，但计算一个数的 2.013 次方（或者进行 2.013 次的开方）还是一项非常困难的事情。进入六年级以后，基本上每一道数学题都会耗费我们几个小时的时间，其中大部分时间就是在进行那烦琐的幂运算。

有时候我想，要是 *S* 就等于 2，该有多好哇！那样的话，每个题目我只用几秒钟应该就可以算出答案了吧。

第 248 节

对于幂运算和开方的方法一定要牢固而熟练地掌握，我记得小时候的老师总是念叨这句话。现在我完全明白它的意思了。

在所有的科学课程里，几乎没有不用到这些烦琐运算的。引力与距离的 2.07 次方成反比，元电流的磁场与距离的 3.02 次方成反比，能量等于质量乘以光速的 2.03 次方……所有这一切，都让我觉得好累。

不管多么有趣的科学课程，最后总是沦为无比枯燥而冗长的计算。

第 335 节

我无意中发现了一个奇怪的东西。

我很喜欢玩剪纸，从小就是。昨天，我拿着一块正方形的硬纸片，想着该怎么剪比较合适。我首先从中挖出了一个小正方形，这样，剩下的部分正好是四个直角三角形。本来我的想法是把它们拼成一架太空船，四个三角形是飞船的翼。可是看着桌上的那堆纸片，我突然愣住了。

原来的大正方形面积等于所有小块的面积之和，而正方形面积是边长的平方……这里面，似乎有哪里不对？

我试着写出了一列等式，然后化简。最后，我得到了一个惊人的式子：

$a^2+b^2=c^2$

没有什么 2.013，就是简单的 2！

我被这古怪的结果震惊了，然后又为这式子的简洁的魅力而深深吸引住了。我有一种强烈的直觉，也许这才是勾股定理真正的模样。

第 336 节

我的期望破灭了。

今天我去找了数学老师，向他说明了我昨天的推导。我满心期待地看着他，希望可以从他脸上看到惊讶的神色，然后说：“啊！真的是这样啊！”可惜没有，他只是笑了笑，微微地摇了摇头。

“不对。”

“哪里不对？”

“面积公式错了。”老师用手摸了摸我的头，顿了顿，然后接着说：“你是个聪明的孩子，竟然能想到如此简单的方法来推导勾股定理。可惜……”

“面积公式不是长乘以宽吗？”

“那只是一个近似罢了。在低年级的教材里，确实是这么写的，但如果你升入更高的年级，就会知道，要计算面积，除了长乘以宽，还要乘上一个修正因子——那才是正确而严格的面积公式！”

是啊，我早该想到，事情哪有那么简单呢？

我沮丧地回到家里，看着桌上摆的那一堆剪纸，一点摆弄的心情都没有了。

第 1129 节

马上就要报名高等学院了，我决定报考宇航员。

我还记得，我小时候的愿望一直是当一名科学家。可是，现在我一想起科学，脑袋就隐隐作痛。那些科学理论，无不烦琐而冗长，让人生厌。这个世界就是这样，建立在一堆毫无美感的无理数的基础上。

第 2983 节

飞船已经离开了勒维星系，这是人类有史以来最伟大的创举。我想，三个月后，当飞船上的信号和观测数据传回到母星上时，他们都会为我而骄傲吧。

而我还将继续往前，探索那些从未有人踏足过的领域。

第 3012 节

奇怪的事情又发生了。

几天以前，飞船的舱顶莫名其妙地出现了一个裂缝。气压传感器敏锐地捕捉到了漏气的地方——那是在一个很偏僻的角落里。我仔细地把裂缝补好，防止空气进一步外泄。

从那以后，各种突发情况就不断发生。飞船的舱体像是受到了挤压似的，出现了很多皱褶和缝隙，我不得不为补好这些缝隙而疲于奔命。但是这完全没有道理。飞船现在处于茫茫的宇宙空间之中，哪来的压力呢?

然后各种传感器和发动机也开始频频出现故障。在那些坚硬的合金元器件上面，开始有明显的裂痕出现。每天入睡的时候，都可以听到“吱吱哑哑”的声音，从飞船的各种隐秘的角落传出，简直像是待在一座鬼屋中。我完全无法安然入睡，最后只好服用催眠药剂。

而今天，我发现连引力传感器都出问题了。有一颗三十吨的小行星刚好经过了飞船前方，而引力传感器得到的引力数据和计算机通过遥测计算出的结果完全对不上。

唉，不知道这样的情况要持续到什么时候。

第 3028 节

我想我知道问题在哪了。

我一直在琢磨前几天的引力数据，发现了一个奇怪的事实。如果假设这些数据都是正确的，把它们代入到引力公式中，我发现，引力刚好与距离的平方成反比。

我用偏振光干涉法测量了一个直角三角形的三个边长。短的直角边是 3，长的直角边是 4，斜边长竟然是 5！

在实验的误差范围内，斜边的长度精确地等于 5，而不是比 5 多一点或者少一点的某个数。

第 3084 节

我知道飞船撑不了多久了。

每一个部位都面临崩溃的境况，现在即使立马返航，也完全没有安全降落的可能了。

勾股定理——是的，正是勾股定理造成了这一切。飞船那拼接的壳体，仪器中那些精密连接的构造，所有这一切，都是按照 2.013 的幂次制造和接合的。然而现在，法则已经改变。

我一点都不害怕，事实上，我的心情非常平静，或者说，隐隐地还有点开心。勾股定理就应该是这样的，不是吗？

这才是一个美丽的宇宙。而我，就将在这样的宇宙中沉睡了……

“我很好奇，为什么他们会总结出那么奇怪的勾股定理呢？”

我把手上的打印稿看完，感慨良多。

“嗯……我想是因为 K09 号虫洞吧。”古河搜索了一下资料库，“在他们星球附近正好有一个曲率半径不大的中型虫洞，因为它，附近的空间都被轻微地扭曲了。”

“就算这样，难道他们就从来没有怀疑过那些所谓的自然常数吗？ 2.013 次方，这是个多么奇怪的数字啊！单从美学的角度来说，这个公式就值得怀疑。”

“不识庐山真面目，只缘身在此山中啊！”古河也叹息了一声，“不要从我们的角度去评价他们的智慧，也许我们的文明也在某个更大的扭曲时空之中呢——你难道不觉得圆周率 3.1415 也是个非常古怪的数吗？”

我突然愣住了，久久说不出话来。

4. 当幻想与科学相遇

⊙李明晖

幻想文艺与写实文艺、抒情文艺并立，在古今中外的文艺中都是一大宗。有想象、有虚构不一定就是幻想文艺，像《蒋兴哥重会珍珠衫》《羊脂球》这样的短篇小说，《欧也妮·葛朗台》《大卫·科波菲尔》这样的长篇小说，《西厢记》《伪君子》这样的戏剧，《李双双》《歌舞青春》这样的电影，都是虚构的写实文艺。只有以现实世界中未证实其存在的能力与未发生过的重大事件作为故事演进的重要根基，才能成为幻想文艺。这个“未证实其存在的能力”，可以是故事中的人自身拥有的，比如超人的飞行能力与巨大体力，也可以是运用外部物件而施展的，比如哆啦 A 梦的上天入地、穿梭时空。离开了飞行能力与巨大体力，超人拯救世界的故事就不能存在了，离开了上天入地、穿梭时空等能力，哆啦 A 梦和小朋友们的故事也就不存在了，所以，讲述这些故事的作品都是幻想文艺。而“未发生过的重大事件”，其“重大”的标准，至少是星球级的，也就是说，得能导致我们生活的世界整个发生了基本规则的变化，比如很多作品中外星人与人类的接触等。童话、神魔、科幻、武侠、仙侠、魔幻、玄幻、架空历史等，都是幻想文艺中的类型。

幻想文艺的优势和缺陷都在于“自由”。因为自由，所以可以天马行空、纵情想象，呈现最壮阔、最绚丽、最奇妙的情节与景象；也因为自由，许多困境都可以凭特殊能力解决，所以常常会掩盖了现实的无奈。但是科幻在幻想文艺中却颇为特殊，其基因里就携带着克制幻想文艺缺陷的编码，可以说是幻想文艺的 2.0 版。

这是因为，科幻文艺的想象虽然还是比写实文艺自由，但是在幻想文艺中，却是最不自由的——它可以“超现实”，但不能“超自然”。特别是其中的“硬科幻”，最根本的创作原则就是想象的每一个能力与事件都必须不违反现有的科学认知，也就是说，既是现实世界中未证实存在的，又是在现实世界中可能存在或可以解释的。哈利·波特挥动魔杖就可以将茶杯变成小动物，这就是魔法，此外无须任何解释，但如果是在科幻作品中，就必须解释这个过程是如何将无机物有机化，如何搭建起神经系统……而只要有解释，就会依赖于一定的物理条件，创作者也就不能随心所欲地安排人物运用这种能力了。再比如，武侠小说《笑傲江湖》中，主人公令狐冲凭着学会了“独孤九剑”和“吸星大法”多次克敌制胜、化危为安，这是小说中许多精彩情节以及故事主线成立的根基，但“独孤九剑”的原理是料敌在先、制敌先机，这其实是所有格斗训练的共同追求，在基本的格斗技巧之外并没有什么“独门秘诀”可言；而更奇怪的就是“吸星大法”，它竟然能通过身体接触吸取敌人的“内力”导致敌人衰弱甚至死亡，这个“内力”能无障碍地通过衣服，但人的皮肤有这么大的“呼吸”能力吗？就算令狐冲自己经过某种生物学改造而有了这样的能力，但只要他的敌人没有，那他强行吸取的后果就不可能是吸入敌人的大量“内力”，而是立刻导致敌人的肌肉和皮肤组织遭到“内力”流的严重破坏。

经过这样的对比分析，我们就知道，“硬科幻”与别的幻想文艺相比，是多么不自由，每一个浪漫新奇的想象一出现，头脑中都会立刻有一个冷静的声音煞风景地问：这在科学上怎么解释？但也恰恰是这不自由，成就了科幻独特的魅力。

我们来看看刘慈欣是怎么想象“未发生过的重大事件”的。他在《微纪元》这篇小说中，曾描写过地球在太阳发生了一次能量闪烁并损失大约 5% 的能量后的景象，那种宏阔悲壮的笔触，在写实文学中是不大可能出现的；在别的幻想文学类型中，比如玄幻小说中，更大的“天地异变”风景也不稀奇，但刘慈欣的文章却又胜在精确：每一个远古神话式的风景细节，都是以现实的物理规律为依据的，所以能够既恢宏又细致，虽是幻想，却笔笔都有真实的力量震撼读者。

当这种严格依据物理规律的想象成了构成悬念与反转的动力，作品焕发的魅力就更大。还是在刘慈欣的《微纪元》中，在大灾变发生几千年后返回地球的最后一位“先行者”一直在吐槽人类留给他的三维画面太过粗糙，完全不顾基本物理法则：人们从几百米高处跳下来，平安无事地落到地上，或者一跃飞上几层楼的高度，仿佛摩天大楼都没有门和电梯，人们就是用这种方式进出的。“……

除了这些明显的谬误外，有一点最能反映设计这幅计算机画面的人思维的混乱：在这城市的所有空间，都飘浮着一些奇形怪状的物体，它们大的有两三米，小的也有半米，有的像一块破碎的海绵，有的像一根弯曲的大树枝……”也正因如此，他理所当然地将人们与他对话时的情感反应都看作是计算机的粗糙编程。但真相是：面对大灾变，人类用科学手段实现了自身的微型化。“那些跳下高楼的人们，在微小环境下，重力是不会造成伤害的，同样，在那样的尺度下，人也可以轻易地跃上几百米（几百微米？）的高楼。……城市空间中飘浮的那些看上去有几米长的奇怪东西，包括载着姑娘飘浮的大树枝，只不过是空气中细微的灰尘。”此时再回想他和我们读者曾以为是计算机粗糙编程的一颦一笑，心中便会生起别样而强烈的感动。

也因为科幻中的幻想受制于科学，不是随心所欲的，所以人生的苦恼与无奈也会比较真切地表现于其中。刘慈欣《三体》中在极端处境下呈现的诸多伦理困境就不必说了，特德·姜的《软件体的生命周期》也在一个基于近未来科技想象的故事框架中，隐含了过去和现在的每个人都可能会遭遇的情感困扰。

可见，当幻想与科学相遇，幻想确实失去了许多自由，但也获得了无穷原力。

（有删改）

实践求真

“纸上得来终觉浅，绝知此事要躬行。”这两句诗揭示了一个深刻而又具有普遍意义的哲理：从书本上得来的知识，毕竟是理解得不够深入的。如果想要透彻地理解其中的道理，必须要亲自实践才行。实践出真知，实践就像航船上的指南针，给我们指明了方向。只有去实践，我们才能从中汲取成功的经验，才有可能到达目的地。

本单元所选文章从不同角度揭示了“实践出真知”的道理，阅读本单元文章，同学们要在理解文章大意的基础上感悟其蕴含的道理，从中获得人生的启示。

1. 刘羽冲偶得古兵书①

⊙〔清〕纪昀

刘羽冲偶得古兵书，伏读经年②，自谓可将十万。会③有土寇，自练乡兵与之角，全队溃覆，几④为所擒。又得古水利书，伏读经年，自谓可使千里成沃壤，绘图列说⑤于州官。州官亦好事，使试于一村。沟洫甫⑥成，水大至，顺渠灌入，人几为鱼⑦。由是抑郁不自得，恒⑧独步庭阶，摇首自语曰：“古人岂欺我哉？”如是日千百遍，惟此六字。不久，发病死。

---

① 选自纪昀《阅微草堂笔记》，题目为编者加。

② 经年：一年。

③ 会：适逢，正赶上。

④ 几：几乎。

⑤ 列说：到处游说。

⑥ 甫：刚。

⑦ 人几为鱼：人几乎都被淹死了。

⑧ 恒：经常。

译文

刘羽冲偶然得到一部古代的兵书，伏案读了整整一年，自己认为可以统领十万人马。这时，恰逢有土匪强盗出没，他自己训练乡兵跟土匪强盗较量，结果全军溃败覆没，自己也差点被捉住。有一次，刘羽冲又找到一部古代有关水利建设的书，伏案读了整整一年，自认为可以使千里之地变成沃土。他绘了水利图依次向州官游说，州官也认为这于国于民是好事，就派人在一个村子试行。沟渠才挖成，大水流过来，顺着沟渠灌入村子，村子都被淹了，村民也几乎被淹死了。从此之后，他郁郁寡欢，很不自在，他常常独自在庭院散步，摇着头自言自语地说："古人难道会欺骗我吗？"像这样的话每天都要说千百遍。不久，他就得重病死了。

学习提示

"古人岂欺我哉"，这是《阅微草堂笔记》中刘羽冲的遗言，他至死也想不明白，为什么苦学古代兵书却打不过土匪，苦学古代水利建设的书籍又淹没了村子。那么，是古人欺骗了他，还是他泥古不化呢？这篇文章虽然浅显易懂，但蕴含的道理却很深刻，我们要从刘羽冲的经历中分析他失败的原因，并结合实际反思我们的学习。

阅读文言文，要善于借助工具书，同时参考文下所给注释，注意积累文中古今含义存在差异的词语。在理解文章大意的基础上，要有所思考，体会作者在奇闻逸事中寄寓的深意。

2. 雁荡山[①]

⊙〔宋〕沈括

温州雁荡山，天下奇秀。然自古图牒[②]，未尝有言者。祥符中，因造玉清宫，伐山取材，方有人见之，此时尚未有名。按西域书，阿罗汉[③]诺矩罗居震旦东南大海际雁荡山芙蓉峰龙湫。唐僧贯休[④]为《诺矩罗赞》，有“雁荡经行[⑤]云漠漠[⑥]，龙湫宴坐[⑦]雨蒙蒙”之句。此山南有芙蓉峰，峰下芙蓉驿，前瞰[⑧]大海，然未知雁荡、龙湫所在。后因伐木，始见此山。

山顶有大池，相传以为雁荡，下有二潭水，以为龙湫。又有经

---

① 选自沈括《梦溪笔谈》，题目为编者加。

② 图牒（dié）：这里指地理方面的著作与图册。

③ 阿罗汉：梵语的音译，意译为“尊者”。

④ 贯休：唐代名僧，善诗，工书画，著有《禅月集》。

⑤ 经行：穿行，经过。

⑥ 漠漠：无边无际之意。

⑦ 宴坐：悠闲静坐。

⑧ 瞰（kàn）：俯视。

行峡、宴坐峰，皆后人以贯休诗名之也。谢灵运[①]为永嘉守，凡永嘉山水，游历殆遍，独不言此山，盖当时未有雁荡之名。

予观雁荡诸峰，皆峭拔[②]险怪，上耸[③]千尺，穹[④]崖巨谷，不类他山，皆包在诸谷中。自岭外望之，都无所见，至谷中则森然干霄[⑤]。原其理，当是为谷中大水冲激[⑥]，沙土尽去，唯巨石岿然挺立耳。如大小龙湫、水帘、初月谷之类，皆是水凿之穴。自下望之则高岩峭壁，从上观之适与地平，以至诸峰之顶，亦低于山顶之地面。世间沟壑[⑦]中水凿之处，皆有植土[⑧]龛岩[⑨]，亦此类耳。今成皋、陕西大涧中，立土动及[⑩]百尺，迥然[⑪]耸立，亦雁荡具体而微者，但此土彼石耳。

既非挺出地上，则为深谷林莽[⑫]所蔽，故古人未见，灵运所

---

① 谢灵运：南朝宋著名诗人，其诗多写会稽、永嘉等地的山水名胜。

② 峭拔：峻峭挺拔。

③ 耸：直立。

④ 穹：高大。

⑤ 森然干霄：山峰林立，高入云霄。

⑥ 冲激：冲刷，侵蚀。

⑦ 壑（hè）：深谷。

⑧ 植土：即下文的“立土”，指直立的土柱。

⑨ 龛（kān）岩：土龛和土崖，较低者称“龛”，较高者称“岩”，此皆指断土所成者。

⑩ 及：达到。

⑪ 迥（jiǒng）然：卓然独立的样子。

⑫ 林莽：茂密的丛林。

不至，理不足怪也。

译文

温州雁荡山是名闻天下的一座神奇秀丽的山。但是自古以来的地图地理资料对雁荡山都不曾有记载。宋代大中祥符年间，因为要建造玉清宫，开山砍伐木材，才有人发现这座山，这时还没有山名。根据西域书籍记载，罗汉诺矩罗住在中国东南大海边的雁荡山芙蓉峰下的龙湫。唐朝僧人贯休写《诺矩罗赞》，有“雁荡经行云漠漠，龙湫宴坐雨蒙蒙”的诗句。这座山南有芙蓉峰，峰下有芙蓉驿，向前可以俯视大海，但当时一般人不知道雁荡、龙湫所在的地方。后来宋代因为采伐木材，才开始见到这座山。

山顶有一个大湖，传说把它当作雁荡；山下有两个水潭，就把它当作大、小龙湫。还有经行峡、宴坐峰，都是后来人们根据贯休的诗句来命名的。谢灵运任永嘉太守的时候，所有永嘉一带的山水，几乎都游历遍了，唯独没有谈到这雁荡山，这是因为当时还没有“雁荡”这个名称。

我观察雁荡山许多山峰，都是陡峭、挺拔、险峻、怪异，向上耸立约千尺高，高大的山崖和巨大的沟谷，不像其他的山，雁荡山许多山峰都被包围在周围的山谷中。从山外望去，什么也看不到；走到山谷里面，才看到这些山峰峭拔林立，直冲云霄。推究它形成的原因，应当是被山谷里的大水冲刷，沙土都被冲走，唯独剩下这些巨大的岩石岿然挺立在那里。像大小龙湫、水帘、初月谷之类，也都是水流冲刷而成的洞穴。从下面望这些山峰，是高耸的岩石峭壁；从上面观察，山谷里的山峰峰顶却又恰好跟周围地面相平，甚至这许多山峰的顶部还低于周围地面。世界上溪谷里水流冲刷的地方，都有高耸直立的土龛和土崖，也属于这一类。现在的成皋至陕州以西的大沟谷里高耸直立的土崖往往高达百尺，高高地耸立着，也可说就是具体而微的雁荡山，只不过这里是土崖而那里是石山罢了。

雁荡山既陡峭地立在平地之上，就一定被深谷老林所掩蔽，所以古人没有发现它，谢灵运没有到过这里，就理应不足为怪了。

《雁荡山》写于宋神宗熙宁七年（1074）。这年四月，沈括对雁荡山进行过实地考察。在考察中，他参照北方河南、陕西的情况，发现流水侵蚀冲刷是造成雁荡诸峰特殊地形的原因，这是实事求是的创见。在西欧，直到18世纪末期，英国人郝登在他所著的《地球理论》一书中，才论述了自然界流水侵蚀作用的学说。郝登被人推崇为“近代地质之父”，但沈括的发现比郝登早了约700年。

文末说谢灵运没有到过雁荡山，而有记载说谢灵运到过雁荡山，写过描绘雁荡山景色的诗。对这个问题，你怎么看？

1. 鲁人锯竿入城

⊙《太平广记》

鲁有执[1]长竿入城门者，初竖执之，不可入；横执之，亦不可入。计无所出。俄[2]有一老父[3]至，曰：“吾非圣人，但见事多矣！何不以锯中截而入？”遂[4]依而截之。世之愚，莫之及也。[5]

译 文

鲁国有个人拿着长竿子要进城门，起初竖立起来拿着它，不能进入城门；横过来拿着它，也不能进入城门。一点办法也想不出。过了一会儿，有个老人来到这里，说：“我并不是才智高超的人，只是我见到的事情多罢了，为什么不用锯子将长竿在当中截断后再进入城门呢？”那个鲁国人于是听从了老人的办法将长竿子截断了。世上没有比这更愚蠢的事了。

---

① 执：拿。

② 俄：不久，一会儿。

③ 老父（fǔ）：对老年男子的尊称。

④ 遂：于是。

⑤ 世之愚，莫之及也：世上没有比这更愚蠢的事情了。

2. 赵括纸上谈兵[①]

⊙〔汉〕司马迁

七年，秦与赵兵相距长平，时赵奢已死，而蔺相如病笃，赵使廉颇[②]将攻秦，秦数败赵军，赵军固壁不战。秦数挑战，廉颇不肯。赵王信秦之间。秦之间言曰："秦之所恶，独畏马服君赵奢之子赵括为将耳。"赵王因以括为将，代廉颇。蔺相如曰："王以名使括，若胶柱而鼓瑟耳。括徒能读其父书传，不知合变也。"赵王不听，遂将之。

赵括自少时学兵法，言兵事[③]，以天下莫能当[④]。尝[⑤]与其父奢[⑥]言兵事，奢不能难[⑦]，然不谓善。括母问奢其故，奢曰：

---

① 选自司马迁《史记·廉颇蔺相如列传》，题目为编者加。

② 廉颇：赵国良将。

③ 言兵事：议论用兵打仗的事。

④ 以天下莫能当：认为天下没有人抵得过他。

⑤ 尝：曾经。

⑥ 奢：赵奢，赵括之父，赵国良将。

⑦ 难：驳倒。

“兵，死地也，[1]而括易言之[2]。使赵不将括即已，若必将之，破赵军者必括也。”

……

赵括既代廉颇，悉更约束[3]，易置军吏。秦将白起闻之，纵奇兵，佯[4]败走，而绝其粮道，分断其军为二，士卒离心。四十余日，军饿，赵括出锐卒自搏战，秦军射杀赵括。括军败，数十万之众遂降秦，秦悉阬[5]之。赵前后所亡凡四十五万。

译 文

赵孝成王七年，秦军与赵军在长平对阵，那时赵奢已死，蔺相如又病重，赵王派廉颇率兵攻打秦军，秦军几次打败赵军，赵军坚守营垒不出战。秦军屡次挑战，廉颇置之不理。赵王听信了秦军间谍散布的谣言。秦军间谍说：“秦军所担心的，就是怕马服君赵奢的儿子赵括来做将军。”赵王因此就以赵括为将军，取代了廉颇。蔺相如说：“大王只凭名声来任用赵括，就好像用胶把调弦的柱粘住再去弹瑟那样不知变通。赵括只会读他父亲留下的书，不懂得灵活应变。”赵王不听，还是任命赵括为将。

赵括从年轻的时候起就学习兵法，谈论用兵打仗的事，认为天下没有人能够抵挡他。赵括曾经跟他的父亲赵奢谈论兵事，赵奢不能驳倒他，但是赵奢不承认他有军事才能。赵括的母亲问赵奢其中的原因，赵奢说：“打仗是要以命相搏的事，但是赵括把它说得轻而易举。假使赵国不让赵括做

---

① 兵，死地也：用兵打仗，本是危险的场合。

② 易言之：把它说得很容易。

③ 悉更约束：全部改变原有的纪律和规定。

④ 佯：假装。

⑤ 阬（kēng）：同“坑”，活埋。

将军也就算了，如果一定要他担任将军，那么使赵国军队遭受失败的一定是赵括。”

……

赵括代替了廉颇担任抗秦大将后，全部更改了原有的纪律和规定，并重新任命军官。秦将白起听说了这件事后，便派出引诱赵括做出错误判断的小股部队，假装失败，然后趁机断绝他的粮道，把他的军队分为两段，赵军大乱。四十多天后，军队士兵饥饿，赵括带领精锐兵士亲自上阵战斗，秦军射死了赵括。赵括的军队大败，于是几十万兵士投降秦军，秦军把他们全部活埋了。赵国前后损失共四十五万人。

古代典籍中的哈雷彗星（二）

从公元前 240 年到公元 1910 年的 2000 多年间，哈雷彗星共出现过 29 次，每一次我国都有详细记录，早期最详细的一次记载见于《汉书·五行志》汉成帝元延元年（前 12），共百余字，将哈雷彗星的出没时间乃至视觉速度，描绘得栩栩如生。宋元以后，对哈雷彗星的观测越来越精确，记载越来越详细。

单元学习任务

任务一

本单元的文章或是记述生动的故事，或是夹叙夹议的游记散文，其中都蕴含着一定的道理。请你或简要概括故事，或找出关键语句，说一说你从中得到了什么启示。

文章题目	故事 / 语句	科学道理

任务二

请同学们自主梳理本单元的文言文知识，完成下图。

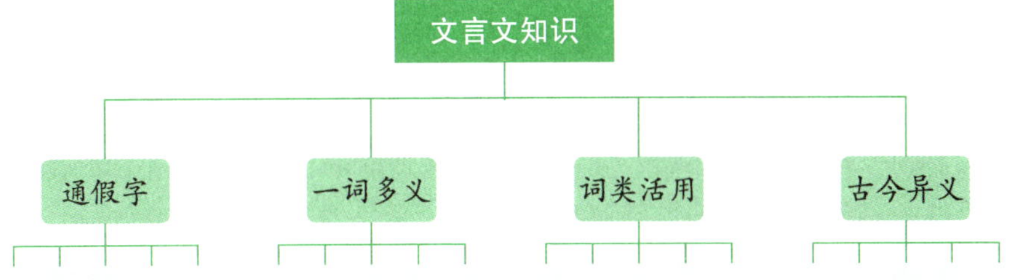

任务三

为了丰富同学们的课余活动，锻炼同学们的逻辑思维能力、语言表达能力、团队协作能力等，充分展现同学们的风采，你们班准备举办主题为“科学质疑，以辩会友”的辩论赛。辩题是“实践与知识哪一个更重要”，正方观点为“实践比知识重要”，反方观点为“知识比实践重要”。

如果你们小组作为正方辩手，需要做哪些准备？

语言简明

人们常说“妙笔生花”，怎样才能写出动人的文章呢？情到浓时，思到妙处，不一定非用华丽的辞藻来表达，亦可化繁为简，用简明的语言写你所见与所感。鲁迅先生也曾说：“写完后至少看两遍，竭力将可有可无的字、句、段删去，毫不可惜。”由此可见，语言简明也是写作的基本要求。语言简明，“简”即语言简洁精练，做到惜字如金，用尽可能少的文字传递尽可能多的信息；“明”即表达明白，让人一看就懂，不绕弯，不晦涩。

阅读本单元文章，把握文章的基本内容，体会作者表达的情感。揣摩文章的语言，学习作者围绕中心运用简明的语言进行表达的方法。

1. 胡同文化

⊙汪曾祺

“像一块大豆腐”语言精练，强调它的“四方四正”，不重复、啰嗦，直接点明北京城的形状特点。

北京城像一块大豆腐，四方四正。城里有大街，有胡同。大街、胡同都是正南正北，正东正西。北京人的方位意识极强。过去拉洋车的，逢转弯处都高叫一声“东去！”“西去！”以防碰着行人。老两口睡觉，老太太嫌老头子挤着她了，说“你往南边去一点”。这是外地少有的。街道如是斜的，就特别标明是斜街，如烟袋斜街、杨梅竹斜街。大街、胡同，把北京切成一个又一个方块。这种方正不但影响了北京人的生活，也影响了北京人的思想。

后面分别列举的各种取名来源，都是紧紧围绕这一中心句，不旁生枝节。

胡同原是蒙古语，据说原意是水井，未知确否。胡同的取名，有各种来源。有的是计数的，如东单三条、东四十条。有的原是皇家储存物件的地方，如皮库胡同、惜薪司胡同（存放柴炭的地方），有的是这条胡同里曾住过一个有名的人物，如无量大人胡同、石老娘（老娘是接生婆）胡同。大雅宝胡同原名大哑巴胡同，大概胡同里曾住过一个哑巴。王皮胡同是因为有一个姓王的皮匠。王广福胡同原名王寡妇胡同。有的是某种行业集中的地方。手帕胡同大概是卖手帕的。羊肉胡同当初想必是卖羊肉的。有的胡同是像其形状的。高义伯胡同原名狗尾巴胡同。小羊宜宾胡同原名羊尾巴胡同。大概是因为这两条胡同的样子有点像羊尾巴、狗尾巴。有些胡同则不知道何所取义，如大绿纱帽胡同。

胡同有的很宽阔，如东总布胡同、铁狮子胡同。这些胡同两边大都是“宅门”，到现在房屋都还挺整齐。有些胡同很小，如耳朵眼胡同。北京到底有多少胡同？北京人说：有名的胡同三千六，没名的胡同数不清，通常提起“胡同”，多指的是小胡同。

胡同是贯通大街的网络。它距离闹市很近，打个酱油，约二斤鸡蛋什么的，很方便，但又似很远。这里没有车水马龙，总是安安静静的。偶尔有剃头挑子的“唤头”（像一个大镊子，用铁棒从当中擦过，便发出噌的一声）、磨剪子磨刀的“惊闺”（十几个铁片穿成一串，摇动作声）、算命的盲人（现在早没有了）吹的短笛的声音。这些声音不但不显得喧闹，倒显得胡同里更加安静了。

胡同和四合院是一体。胡同两边是若干四合院连接起来的。胡同、四合院，是北京市民的居住方式，也是北京市民的文化形态。我们通常说北京的市民文化，就是指的胡同文化。胡同文化是北京文化的重要组成部分，即使不是最主要的部分。

段首句领起下文，仅用“封闭”二字就概括了胡同文化的一个特点。

胡同文化是一种封闭的文化。住在胡同里的居民大都安土重迁，不大愿意搬家。有在一个胡同里一住住几十年的，甚至有住了几辈子的。胡同里的房屋大都很旧了，“地根儿”房子就不太好，旧房檩，断砖墙。下雨天常是外面大下，屋里小下。一到下大雨，总可以听到房塌的声音，那是胡同里的房子。但是他们舍不得“挪窝儿”——“破家值万贯”。

四合院是一个盒子。北京人理想的住家是“独门独院”。北京人也很讲究“处街坊”。“远亲不如近邻”。“街坊里道”的，谁家有点事，婚丧嫁娶，都得“随”一点“份子”，道个喜或道个恼，不这样就不合“礼数”。但是平常日子，过往不多，除了有的街坊是棋友，“杀”一盘；有的是酒友，到“大酒缸”（过去山西人开的酒铺，都没有桌子，在酒缸上放一块规成圆形的厚板以代酒桌）喝两“个”（大酒缸二两一杯，叫作“一个”）；或是鸟友，不约而同，各晃着鸟笼，到天坛城根、玉渊潭去“会鸟”（会鸟是把鸟笼挂在一处，既可让鸟互相学叫，也互相比赛），此外，“各人自扫门前雪，休管他人瓦上霜”。

北京人易于满足，他们对生活的物质要求不高。有窝头，就知足了。大腌萝卜，就不错。小酱萝卜，那还有什么说的。臭豆腐滴几滴香油，可以待姑奶奶。虾米皮熬白菜，嘿！我认识一个在国子监当过差，伺候过陆润庠、王垿等祭酒的老人，他说：“哪儿也比不了北京。北京的熬白菜也比别处好吃，——五味神在北京。”五味神是什么神？我至今考查不出来。但是北京人的大白菜文化却是可以理解的。北京人每个人一辈子吃的大白菜摞起来大概有北海白塔那么高。

每一句都是一个层次，以日常饮食写出了北京人易于满足的特点。语言简要明白，尤其是最后一个“嘿”字，省去了许多繁笔描写。

北京人爱瞧热闹，但是不爱管闲事。他们总是置身事外，冷眼旁观。北京是民主运动的策源地，“民国”以来，常有学生运动。北京人管学生运动叫作“闹学生”。学生示威游行，叫作“过学生”。与他们无关。

适当运用口语，可以体现语言简洁明了的特点。

北京胡同文化的精义是“忍”，安分守己、逆来顺受。老舍《茶馆》里的王利发说“我当了一辈子的顺民”，是大部分北京市民的心态。

我们楼里有个小伙子，为一点事，打了开电梯的小姑娘一个嘴巴。我们都很生气，怎么可以打一个女孩子呢！我跟两个上了岁数的老北京（他们是“搬迁户”，原来是住在胡同里的）说，大家应该主持正义，让小伙子当众向小姑娘认错，这二位同声说：“叫他认错？门儿也没有！忍着吧！——‘穷忍着，富耐着，睡不着眯着’！”“睡不着眯着”这话实在太精彩了！睡不着，别烦躁，别起急，眯着，北京人，真有你的！

一句“真有你的”，将复杂的情感融入简简单单的四个字中。

北京的胡同在衰败，没落。除了少数“宅门”还在那里挺着，大部分民居的房屋都已经很残破，有的地基柱础甚至已经下沉，只有多半截还露在地面上。有些四合院门外还保存已失原形的拴马桩、上马石，记录着失去的荣华。有打不上水来的井眼、磨圆了棱角的石头棋盘，供人凭吊。西风残照，衰草离披，满目荒凉，毫无生气。

运用古朴整齐的语句而非堆砌词语，体现了语言不同的简明风格。

看看这些胡同的照片，不禁使人产生怀旧情绪，甚至有些伤感。但是这是无可奈何的事。在商品经济大潮的席卷之下，胡同和胡同文化总有一天会消失的。也许像西安的虾蟆陵，南京的乌衣巷，还会保留一两个名目，使人怅望低回。

再见吧，胡同。

一句“再见吧，胡同”，仅用五个字，表达了作者无尽的慨叹，言有尽而意无穷。

一九九三年三月十五日

2. 一个车夫

⊙巴　金

这些时候我住在朋友方的家里。

有一天我们吃过晚饭，雨已经住了，天空渐渐地开朗起来。傍晚的空气很凉爽。方提议到公园去。

“洋车！洋车！公园后门！”我们站在街口高声叫道。

一群车夫拖着车子跑过来，把我们包围着。

我们匆匆跳上两部洋车，让车夫拉起走了。

我在车上坐定了，用安闲的“眼光”看车夫。我不觉吃了一惊。在我的眼前晃动着一个瘦小的背影。我的眼睛没有错。拉车的是一个小孩儿，我估计他的年纪还不到十四。

“小孩儿，你今年多少岁？”我问道。

“十五岁！”他很勇敢、很骄傲地回答，仿佛十五岁就达到成人的年龄了。他拉起车子向前飞跑。他全身都是劲。

“你拉车多久了？”我继续问他。

“半年多了。”小孩儿依旧骄傲地回答。

“你一天拉得到多少钱？”

“还了车租剩得下二十吊钱！”

我知道二十吊钱就是四角钱。

“二十吊钱，一个小孩儿，真不易！”拉着方的车子的中年车夫在旁边发出赞叹了。

“二十吊钱，你一家人够用？你家里有些什么人？”方听见小孩儿的答话，也感到兴趣了，便这样地问了一句。

这一次小孩儿却不作声了，仿佛没有听见方的话似的。他为什么不回答呢？我想大概有别的缘故，也许他不愿意别人提这些事情，也许他没有父亲，也许连母亲也没有。

“你父亲有吗？”方并不介意，继续发问道。

“没有！”他很快地答道。

“母亲呢？”

“没有！”他短短地回答，声音似乎很坚决，然而跟先前的显然不同了。声音里露出了一点痛苦来。我想他说的不一定是真话。

“我有个妹子，”他好像实在忍不住了，不等我们问他，就自己说出来：“他把我妹子卖掉了。”

我一听这话马上就明白这个“他”字指的是什么人。我知道这个小孩儿的身世一定很悲惨。我说：“那么你父亲还在——”

小孩儿不管我的话，只顾自己说下去：“他抽白面儿，把我娘赶走了，妹子卖掉了，他一个人跑了。”

这四句短短的话说出了一个家庭的惨剧。在一个人幼年所能碰到的不幸的遭遇中，这也是够厉害的了。

“有这么狠的父亲！”中年车夫慨叹地说了。“你现在住在哪儿？”他一面拉车，一面和小孩儿谈起话来。他时时安慰小孩儿说：“你慢慢儿拉，省点儿力气，先生们不怪你。”

“我就住在车厂里面。一天花个一百子儿。剩下的存起来……做衣服。”

“一百子儿”是两角钱，他每天还可以存两角。

“这小孩儿真不易，还知道存钱做衣服。”中年车夫带着赞叹的调子对我们说。以后他又问小孩儿：“你父亲来看过你吗？”

“没有，他不敢来！”小孩儿坚决地回答。虽是短短的几个字，里面含的怨气却很重。

我们找不出话来了。对于这样的问题我还没有仔细思索过。在我知道了他的惨痛的遭遇以后，我究竟应该拿什么话劝他呢？

中年车夫却跟我们不同。他不假思索，就对小孩儿发表他的道德的见解：

“小孩儿，听我说。你现在很好了。他究竟是你的天伦。他来看你，你也该拿点钱给他用。”

“我不给！我碰着他就要揍死他！”小孩儿毫不迟疑地答道，语气非常强硬。我想不到一个小孩儿的仇恨会是这样的深！他那声音，他那态度……他的愤怒仿佛传染到我的心上来了。我开始恨起他的父亲来。

中年车夫碰了一个钉子，也就不再开口了。两部车子在北长街的马路上滚着。

我看不见那个小孩儿的脸，不知道他脸上的表情，但是从他刚才的话里，我知道对于他另外有一个世界存在。没有家，没有爱，没有温暖，只有一根生活的鞭子在赶他。然而他能够倔强！他能够恨！他能够用自己的两只手举起生活的担子，不害怕，不悲哀。他能够做别的生在富裕的环境里的小孩儿所不能够做的事情，而且有着他们所不敢有的思想。

生活毕竟是一个洪炉。它能够锻炼出这样倔强的孩子来，甚至人世间最惨痛的遭遇也打不倒他。

就在这个时候，车子到了公园的后门。我们下了车，付了车钱。我借着灯光看小孩儿的脸。出乎我意料，它完全是一张平凡的脸，圆圆的，没有一点特征。但是当我的眼光无意地触到他的眼光时，我就大大地吃惊了。这个世界里存在着的一切，在他的眼里都是不存在的。在那一对眼睛里，我找不到承认任何权威的表示。我从没有见过这么骄傲、这么倔强、这么坚定的眼光。

我们买了票走进公园，我还回过头去看小孩儿，他正拉着一个新的乘客昂起头跑开了。

1934 年 6 月在北京

3. 养　花

⊙老　舍

我爱花，所以也爱养花。我可还没成为养花专家，因为没有工夫去研究和试验。我只把养花当作生活中的一种乐趣，花开得大小好坏都不计较，只要开花，我就高兴。在我的小院子里，到夏天满是花草，小猫儿们只好上房去玩耍，地上没有它们的运动场。

花虽多，但无奇花异草。珍贵的花草不易养活，看着一棵好花生病欲死是件难过的事。我不愿时时落泪。北京的气候，对养花来说，不算很好。冬天冷，春天多风，夏天不是干旱就是大雨倾盆；秋天最好，可是忽然会闹霜冻。在这种气候里，想把南方的好花养活，我还没有那么大的本事。因此，我只养些好种易活、自己会奋斗的花草。

不过，尽管花草自己会奋斗，我若置之不理，任其自生自灭，它们多数还是会死了的。我得天天照管它们，像好朋友似的关切它们。一来二去，我摸着一些门道：有的喜阴，就别放在太阳地里；有的喜干，就别多浇水。这是个乐趣，摸住门道，花草养活了，而且三年五载老活着、开花，多么有意思呀！不是乱吹，这就是知识呀！多得些知识，一定不是坏事。

我不是有腿病吗，不但不利于行，也不利于久坐。我不知道花草们受我的照顾，感谢我不感谢，我可得感谢它们。在我工作的时候，我总是写了几十个字，就到院中去看看，浇浇这棵，搬搬那盆，然后回到屋中再写一点，然后再出去，如此循环，让脑力劳动和体力劳动结合到一起，有益身心，胜于吃药。要是赶上狂风暴雨或天气突变，就得全家动员，抢救花草，十分紧张。几百盆花，都要很快地抢到屋里去，使人腰酸腿疼，热汗直流。第二天，天气好了，又得把花儿都搬出去，就又一次腰酸腿疼，热汗直流。可是，这多么有意思呀！不劳动，连棵花儿也养不活，这难道不是真理么？

送牛奶的同志，进门就夸“好香”！这使我们全家都感到骄傲。赶到昙花开放的时候，约几位朋友来看看，更有秉烛夜游的神气——昙花总在夜里放蕊。花儿分根了，一棵分为数棵，就赠给朋友们一些；看着友人拿走自己的劳动果实，心里自然特别欢喜。

当然，也有伤心的时候，今年夏天就有这么一回。三百株菊秧还在地上（没到移入盆中的时候），下了暴雨，邻家的墙倒了下来，菊秧被砸死三十多种，一百多棵。全家都几天没有笑容。

有喜有忧，有笑有泪，有花有实，有香有色。既须劳动，又长见识，这就是养花的乐趣。

4. 走在超信息时代……

⊙梁逸飞

不知沉睡了多久，当我再次醒来的时候，世界全变了。正茫然中，一句“0719号，进入苏醒室”，紧接着，我觉得自己在移动，想停下来又无法自控。我努力回忆，隐约中，想起了自己和爸爸妈妈每人手里都拿着手机，不停地刷、刷、刷……刷着刷着就睡着了。当我感觉自己停止移动的时候，一个鲤鱼打挺，站了起来，没当心，手激活了一个悬浮窗口，上面的信息量之大，内容之多，让人瞠目。我傻傻地盯着那里，不知所措。“长见识了吧！”循声望去，只见一位身着白大褂的中年男子向我走来，看样子，是名医生。他边讲解悬浮窗口上面的内容，边给我检查着身体，他说：“身体恢复得不错，可以出院啦！”“请问这是哪一年？”我终于插上半句嘴。“2150年。”他莞尔一笑。“天啊！我……我……”我张大嘴巴，不知道该说些什么，而他不由分说地把我带出医院。

站在医院门口，光线从四面八方射过来，非常刺眼，我抬头看看天，天上云雾叆叇，没有太阳，那光线从哪里来的？我仔细观察，原来都是从悬浮信息窗口反射而来的蓝光，我四围的这些窗口，像一个个巨大的手机屏幕整齐排列，如果想要穿行，必须拨开它们。而它们像液体一样，拨开不久又连成一片，充斥在人的周围，让人无从拒绝，无法躲避。天哪，这个该死的超信息时代！我慌慌张张地拨开个个悬浮信息窗口向前走去，像拨开重重帘幕，不一会儿，累得我气喘吁吁，那些我并不感兴趣的信息跳入眼睛，充斥大脑，让人心生烦躁。

好不容易来到一家餐厅，点了菜肴和米饭，刚吃一口就吐了出来：味同嚼蜡。悬浮窗口的服务员熟稔地给我解释："粮食和蔬菜都是合成的，口感自然差了些。大家把时间和精力都用到了捕捉信息、撰写信息上了，没空种粮食蔬菜。"听后，我只能勉为其难地吃了些。我一边下咽最后一口饭菜，一边抽取面巾纸，谁知面巾纸盒被激活了，天啊，盒子上也有信息窗口。"在这个时代，任何平面上，几乎都会有信息窗口。"服务员又笑着，同时拿出一个餐盘，在上面拨几下，那个平面立刻亮了，正在播出广告，我又惊讶得瞠目结舌。

这真是信息大爆炸的时代，到处充斥着信息，人们不用交流，所有的大事小情都从悬浮窗口上获知，人也不需要有什么情感，因为找信息、写信息、看信息就是每天必修的功课。

一语梦呓，一下子被惊醒，原来是噩梦一场……

中国精神

曾经，“我以我血荐轩辕”，在中华民族生死存亡的岁月里，无数中华儿女浴血奋战，彰显了以爱国主义为核心的民族精神。

而今，我们自强不息，厚德载物，在中华民族伟大复兴的进程中，众多先锋楷模践行着以改革创新为核心的时代精神。

由此而焕发出的凝聚力和感召力，铸成不折不挠、勇往直前的中国精神，生生不息、薪火相传。

伟大的中国精神必将引领我们实现中华民族的伟大复兴！

1. 中国红和中国甜

⊙程乃珊

红和甜，在中国民间都是吉祥喜庆的符号，是过大年唱主角的。红要红得正，没任何杂色，鲜活亮堂；甜要甜得充实醇厚。世界上大约很少有民族如中国那般在大喜大节之时，对甜和红有如此热忱的向往。

在物质贫乏的农业社会，老百姓终日面朝黄土背朝天地劳作，啃几口咸菜就着对付一日三餐，无论是味觉还是视觉都单调之极，一年到头也只有在过年时，才会挂红灯笼贴红对联，打糕捣豆沙犒劳一下自己。所以讲，中国过大年的年味，就是从红和甜开始的。

与西方琳琅满目的圣诞树相比，我们过年常备的天竺蜡梅要显得内敛幽雅得多。在涌着暗香毫不张扬的蜡梅花丛中，那娇艳的沉甸甸的一串天竺红，颗粒饱满结实，如同朴素又沉实的新年祝愿。这是最经典的中国红。

甜象征舒心顺当，幸福如意，因此新年第一餐，必得以甜开始。尽管现今怕血糖、血脂高，但新年甜食怎么样都不愿忌口，再甜也不觉得腻。我祖籍浙江桐乡有个习俗，出嫁女儿生头胎，娘家人必要备齐四色贺礼，分别代表长命福贵。长寿面自然代表长寿；面筋烤麸因是发出来的，故代表福；桂圆的谐音为“贵”；命则是用红糖表示，甜代表顺风顺水、开心如意。

新年习俗第一餐通常以宁波猪油汤圆和八宝饭开始，汤圆是团圆的象征，那薄得如和田白玉一样的汤圆外壁剔透晶莹，轻咬一口，舌尖就感受到那厚稠稠的一注甜流，富有质感，甜得很中国——外表朴实无华，内里却是有质有料。八宝饭的甜，甜得很热闹，红果绿丝、蜜枣莲心白果、豆沙什锦聚集在一起，看似互不相干却互相融洽，很有中国人传统的世代同堂的欢庆。年饭从大年夜到新年第一餐，都是围桌分享。总觉得西餐各人面对自己一份自管自太冷清，不似我们的圆台面大家围桌而坐，一起在里面舀呀捞呀，看似不雅，其实就是你我不分，一大家子共同享受。所以说，中国甜如中国酒，一人闷吃毫无情趣，必要热热闹闹才能吃得甜在心头。

江南的甜，甜得很精致很典雅，一如宁波猪油汤圆，粒粒都搓捏得滴糯精巧，吹弹即破。与此异曲同工的还有一道甜食，我们家乡称枣饼，每只如旧时银圆大小，是用枣肉去皮去核和着糯米粉捏，内馅为核桃末和猪油拌黄糖，然后嵌入刻有各种富贵吉祥图案的木模内，出笼后晶莹如玛瑙，衬着一叶暗绿的粽叶，枣香四溢。

中国甜的特点是，甜得醇厚，富有质感，不像西式奶油内存太多泡沫。如过年做汤圆馅的黑洋酥，拌着一汪猪油，一口咬破汤圆皮，舌尖就感到沉甸甸厚稠稠的一注甜流。还有豆沙、枣泥，也是一种实笃笃的甜，白糖冬瓜、白糖杨梅等种种小食外包的那厚厚的雪白的白糖外衣，很有中国人传统的好客之道。尽管平时轻易不动用白糖，一旦需要，则毫不吝啬，厚厚地涂上几层糖衣也在所不惜。

灶爷也喜欢吃甜的，故而腊月送灶之时，都是清一色的甜食，用糖封好他老人家的嘴巴，让他在玉皇大帝前为百姓甜言蜜语美言一番，求得明年一年甜甜蜜蜜的好时光。

过大年的喜悦，就是从甜开始，所以俗话的年忙，也是忙得心里甜丝丝的。

说到甜，最独特的一道是甘，这是一种清新幽淡的甜味，英语中找不到“甘”这个字，这样的一种中国甜恰恰是含蓄、内敛、厚重的中国文化的最生动的演绎。

2. 我为珠峰量身高

⊙谷业凯　袁泉

他们标注珠峰，历史标注他们。

2020 年 5 月 27 日 11 时，2020 珠峰高程测量登山队 8 名攻顶队员次落、袁复栋、李富庆、普布顿珠、次仁多吉、次仁平措、次仁罗布、洛桑顿珠克服重重困难，成功从北坡登上珠穆朗玛峰峰顶，完成峰顶测量任务。

5 月 27 日也是个特殊的日子。1975 年 5 月 27 日，9 名勇士成功登顶，此后我国向全世界宣告珠峰高程为 8848.13 米。45 年后，中国人再次书写了攀登者的新传奇。

突破——卫星定位、重力、超远距离测距等测量重任由国产仪器全面担纲

5 月 27 日凌晨 2 时许，在海拔 8300 米突击营地待命的 2020 珠峰高程测量登山队队员准备开始攻顶。

上午 8 时 15 分，8 名攻顶队员全部登上海拔 8680 米的“第二

台阶”，并更换好了氧气。10 时许，攻顶队员通过 8800 米“横切”。11 时，8 名攻顶队员成功从北坡登上珠峰峰顶。步话机里传来前方登顶的消息，欢呼声顿时响彻山谷，大本营一片欢腾。

测量登山队队员在峰顶立起觇标，并使用 GNSS 接收机通过北斗卫星进行高精度定位测量，使用雪深雷达探测仪探测了峰顶雪深，并使用重力仪进行了重力测量。此时，在珠峰周边海拔 5200 米至海拔 6000 米的 6 个交会点，测量队员开始同步开展峰顶交会测量和 GNSS 联测，成功获取珠峰高程测量数据。这些高精度测量仪器均由我国自主研发。

这也是人类首次在珠峰峰顶开展重力测量，将有利于大地水准面优化，提高珠峰高程精度，并获取宝贵的科学数据。

2020 珠峰高程测量有望在多方面实现突破：一是技术手段更加丰富和全面。除了传统测量方法和卫星导航定位技术外，航空重力测量、卫星遥感、北斗短报文等被全面引入。二是珠峰高程测量的“数据突破”。航空重力测量、峰顶重力测量、峰顶周边地区重力加密测量等技术手段的使用，将会全面提升珠峰高程测量“起算面”（大地水准面）的精度，进而获得历史最高精度的珠峰高程测量结果。

测量重任由国产仪器全面担纲，也是此次测量的一大看点。测量的主力仪器装备如卫星定位、重力、超远距离测距等都将以国产仪器为主。

例如，为了得到岩石面的珠峰高程结果，就需要开展峰顶雪深测量。国测一大队（自然资源部第一大地测量队）副总工程师刘站科介绍，1975 年，我国女登山队员潘多用木杆插进雪层，测得深度为 92 厘米；2005 年，我国首先精确测得了珠峰顶峰的岩面高程和雪深数据，但当时使用的雪深雷达为进口设备。2020 珠峰高程测量，我国使用兼具卫星大地测量和雷达系统功能的国产雪深雷达，测量精度进一步提升。

“整体上看，珠峰高程测量包括四个阶段：一是前期的平面控制网和高程基准传递测量；二是峰顶‘会战’测量；三是珠峰高程测量数据处理和检核；四是珠峰高程测量成果的认定和发布。”党亚民认为，“一个权威的珠峰高程测量成果，必须是一个长时间准备和施测的综合性测绘工程。”

1975 年珠峰高程测量，我国首次将测量觇标矗立于珠峰之巅，并精确测得珠峰海拔高程为 8848.13 米；2005 年珠峰高程复测，我国测绘工作者采用更加先进的方法，并经过严密计算，测得珠峰峰顶岩石面的海拔高程为 8844.43 米。

信念——“大家都把劲儿融进骨子里了，因为山就在那儿。”

“那年我 27 岁，他 25 岁。”“不对，当时你还没过生日，是 26 岁。”国测一大队办公室主任任秀波打断了国测一大队项目部主任柏华岗的话。这是 2020 年 5 月 23 日，在海拔 5200 米的珠峰大本营里的一番对话。15 年过去了，两个曾参加 2005 年珠峰高程测量的“老伙计”之间的默契丝毫没有减退。

在很多人看来，“8844.43 米”只是教科书上的一个数字。对于任秀波和柏华岗来说，却是他们职业生涯中一段刻骨铭心的记忆。15 年前，我国开展珠峰高程测量，一批年轻的测绘队员来到珠峰，他们以“不要命”的劲头，精确测定了珠峰的岩石面海拔高度。

当时，国测一大队队员任秀波和柏华岗、白天路、刘西宁自愿报名并被选拔出来，承担冲击珠峰峰顶的重任。2005 年 4 月 27 日，他们将重力测量推进到海拔 7028 米的高度，并准备在第二天向更高的高度发起冲击。“这个高度登山死亡率特别高，攀登过程中会遇到什么样的风险谁都无法预料，当时不知道自己能不能上得更高，上去以后还能不能回来……”为了不留遗憾，任秀波趴在帐篷里，工工整整地写下了一封入党申请书，然后和队友们继续向海拔 7790 米营地进发。

柏华岗外号叫“石头”，人很精瘦，身体也好。可当时却意外发起高烧，休整了一段时间后，他用了 8 个小时，也硬是冲上了海拔 7790 米的高度。“我是数着数登的，1、2、3、4、5……数到 20，往地下一跪，然后好好吸上几口气，等气儿喘匀了，再开始数 20 步。”

正当他们准备继续前进时，特大暴风雪即将来袭，任秀波带着“不留遗憾”的想法，奋力用冰镐在雪坡上刨出一个平台，冒着双手被冻坏死的危险脱下了鸭绒手套，成功获得了海拔 7500 米的重力值。随后，任秀波、柏华岗将重力测量成功地推进到 7790 米营地，并精确测得该点的三维坐标。“大家都把劲儿融进骨子里了，因为山就在那儿。”

15 年后，这句“山就在那儿”依然激励着年轻一代的测绘队员克服重重艰难险阻，用脚步丈量着“第三极”的高度。

“我所在的交会测量点海拔近 6000 米，地上都是乱石堆，搭帐篷都没地方，住了三晚，两晚都遇到暴风雪。”国测一大队天文测量组组长李飞战说，“下雪还好，可以煮雪水喝，四天的时间每天只能喝上 500 毫升水。下撤前一晚，我和队友两个人分吃了一个苹果。”

5 月 22 日下午，2020 珠峰高程测量队临时党支部举办了一次主题党日活动。相隔最远的东绒 3 点交会组的负责人谢敏与大本营进行了视频连线。崎岖的山地上遍布着冰塔林，队员们的小帐篷显得格外夺目。今年 4 月，谢敏的父亲不幸去世，但他直到父亲遗体火化的那天中午才接到母亲的电话，母亲嘱咐他继续坚守岗位。谢敏擦了擦眼泪，第二天就上山了。

“这些年轻娃，没一个叫苦叫累。”参加过 2005 年珠峰高程测量的老队员、国测一大队司机张兆义深感欣慰。

传承——“测量珠峰不仅是一项极具挑战性的工作，更是几代测绘人薪火相传的事业。”

在 2020 珠峰高程测量登山队中，有位“三代测珠峰”的“90 后”测绘队员，他叫邢雄旺。1975 年珠峰高程测量，邢雄旺的爷爷在中国测绘科学研究院当炊事班长；2005 年珠峰高程复测，邢雄旺的叔叔负责为测量任务采购仪器装备；这次珠峰高程测量，邢雄旺第一时间就报了名。得知他顺利入选，一家人都很高兴。

2020 年 4 月 15 日，当测量登山队队员抵达珠峰海拔 6500 米前进营地，进行高海拔登山适应性训练时，邢雄旺第一次出现高原反应，头晕目眩、浑身无力。深夜，帐篷里结了一层厚厚的霜，风一吹，就掉落在脸上，他一宿都没合眼。

更大的挑战还在后面。抵达海拔 6600 米的位置时，测量登山队队员需要带上冰爪开始攀冰，连续十几米的垂直冰壁让有些恐高的邢雄旺心里没底，他只能抓着安全绳，用脚尖使劲地踢向冰壁。攀登至海拔 7028 米的北坳冰壁，邢雄旺来回爬了近 10 个小时。下来后，他体力几乎透支。

中途回到 5800 米营地，手机终于有信号了。邢雄旺给妻儿拨通了视频电话。他突然意识到自己已经十几天没有洗脸，脸上被强烈的紫外线灼得一片乌黑，他赶忙将相机镜头反转，对着晶莹的冰塔林，岔开了话题。手机那一头的妻子早已泣不成声。“测量珠峰不仅是一项极具挑战性的工作，更是几代测绘人薪火相传的事业，我不后悔。”邢雄旺说。

刘亮是国测一大队 8 名测量登山队队员中年龄最大的一个。他父亲是国测一大队的老队员，在儿时的印象里，父亲总不在家。

当刘亮在高原、荒原、大漠地区负重攀登、艰苦跋涉，一次又一次承担国家基础测绘任务时，他才理解了父亲的选择。2020 珠峰高程测量报名，刘亮想都没想就提交了申请。他特意备注：有连续 10 年在西藏的工作经历，爱好攀岩。

任秀波常提到一位“郁老”，是参加 1975 年珠峰高程测量的国测一大队队员郁期青。1975 年，在完成 7050 米珠峰天险北坳的重力测量后，郁期青因长期疲劳抵抗力下降，出现肺水肿，被紧急送往日喀则野战医院抢救 40 多天。36 岁的他体重由原来的 70 公斤降到 35 公斤，牙齿几乎掉光。“郁老的精神力量，不断传递在一代又一代年轻队员身上。”

珠峰测高的条件在变好。汇聚了世界一流的技术装备，设计了更加科学的测量方法，更加完善的后勤保障……测绘队员们也不再需要几十天“与世隔绝”，拿出手机，就能拨通 5G 电话。

但党员干部冲锋在前的习惯没变，艰苦奋斗严谨求实的作风没变，“传帮带”的传统没变，甘于奉献的品格没变……国测一大队队长李国鹏说：“珠峰上氧气永远是不足的，戈壁滩的风沙永远是大的，忠诚奉献永远是这个队伍的魂。”

（选自《人民日报》，有删改）

3.“中国魔方”，铺出了人间奇迹

⊙陆培法

要治沙先固沙

张克智老人今年74岁了，走进他的公寓，谈话的内容始终绕不开治沙。他从家里拿出数本记录治沙历程的大相册，说起当年的故事滔滔不绝。

1955年，包兰铁路铺下第一根钢轨。线路在中卫需要6次穿越腾格里沙漠，尤其沙坡头地段属流动性大沙丘区，严重威胁行车安全。1958年包兰铁路建成后，曾有国外专家预言：包兰铁路“存活”不了30年就会被沙漠淹没。依据非常简单，包兰铁路迎水桥至干塘段周围沙丘裸露，植被覆盖率不足3%，干沙层厚达10厘米至30厘米。

这一特殊地段，造就了一支特殊队伍——清沙队。张克智如此描述当年的场景：“清沙队大概有30人，只要一听到巡线工说有积沙，大家穿上衣服抄起铁锹就走，半夜抢险是常有的事。”

直至1968年，坚守10年的清沙工们改换了工种，清沙队完成使命。因为彼时，人们成功研发出缚住“黄龙”的“绳索”——麦草方格固沙法。

治沙先固沙。起初，固沙林场里也尝试过卵石铺面、沥青拌沙、草席铺面等固沙方式，但一场大风过后，所有的努力都被掩埋殆尽。

麦草方格的出现是个偶然。1957 年，林场职工和科研人员共同开始尝试平铺式沙障试验，选用麦草和稻草做材料，但效果并不理想。一次闲暇之余，林场职工在沙漠中扎了“人定胜天”“中卫固沙林场”等字样，风暴过后，竟意外发现几个字当中，只有方块形的字没有被沙子埋没。受到启示的林场职工开始尝试用麦草扎出圆形、三角形、马蹄形……试验证明，一米见方的麦草方格固沙效果最好。

那时候，张克智和他的同事常常肩扛一大捆高过人头的麦草，走进大漠深处。遇到七八月天，每天凌晨四五点就出发，沙漠深处午时 70 摄氏度的地表温度，热得烫脚，大家就着沙子吃饼子，一天就耗在那儿。

“方格扎得密了，风沙会将麦草方格埋掉；方格扎得疏了，既起不到阻挡流沙的作用，又经受不住风沙侵袭而容易折断，影响方格寿命。只有一米乘以一米大小的网状方格，丝丝入扣，抗沙效果最好。”张克智告诉记者。

为了削平高大沙丘，大家在沙丘的三分之二往下部分，扎上麦草方格；借助风力把顶上的三分之一部分削掉，再扎上麦草方格固定。

蒸汽机车在行驶过程中很容易点燃麦草方格；设置高立式树林

沙障，也容易被埋。怎么办？张克智和他的同事想了很多办法封沙育草。如今铁路两侧，卵石防火带、灌溉造林带、草障植物带、前沿阻沙带、封沙育草带，以“一带护一带，五带护铁路”的方式，共同构成了“五带一体”的治沙防护体系。

此后，铁路周围的“沙”被彻底死死扣住。1992 年后，从未侵袭过铁路一次。

如今，以麦草方格为基础的治沙模式，在守护包兰铁路畅通的同时，也阻挡了风沙向城市侵袭。如今的中卫沙坡头，绿色满目、游人如织，很多曾因风沙远离故土的当地人纷纷回乡。张克智的大女儿也追随着父亲的脚步，回到了固沙林场。

千挑万选固沙植物

在腾格里沙漠采访调查，记者认识了几种特别的植物，如柠条、花棒、沙柳等。

柠条根系极为发达，主根入土深，株高最高可达 2 米左右。花棒根长能到 8 ~ 15 米。沙柳是极少数可以生长在盐碱地的植物，具有干旱旱不死、牛羊啃不死、刀斧砍不死、沙土埋不死、水涝淹不死的“五不死”特性。凭借发达的根系，沙柳在地表下最远能够延伸 100 多米，一株沙柳就可将周围流动的沙漠牢牢固住。

唐希明现在是中卫治沙林场副场长。他告诉记者，现在生长于麦草方格上的植物，是“千挑万选”而得来的。柠条、花棒、沙柳、沙拐枣……每个树种的选定，都离不开前辈们前往沙漠深处的

“探险”。

据张克智回忆，有一年，他背上干粮和水与四五人同行，去沙漠深处选种。他们惊喜地发现前面有一棵新树种，但看起来近在咫尺的树在沙漠里可能有几百米远，往回赶时，天漆黑一片。一向淡定的张克智慌了，前不着村后不着店，在沙地里转圈圈，只好借助风吹向沙丘的走向一点点摸索……直到夜里10时，他们走出沙漠后才发现，距原来出口已有好几里地。

在中卫固沙林场场史资料中，治沙前辈张宗朗曾9次深入腾格里沙漠考察，历经数次死里逃生，最终带回来了十几种沙生植物的种子和标本，并先后“破译”了花棒、柠条等野生植物的生物“密码”，培育出了用于沙丘造林的大批苗木。

每天在沙漠里行走至少10公里是唐希明的“必修课”。在行走中，他探索出很多治沙方法。一次，走累了的他从沙丘上捡起一根木棍杵着支撑身体。就是受到这么随手一杵的启发，他发明了“水分传导式精准型沙漠植苗工具”。这是一种“干”字形铁质工具，底端呈半圆弧状，将树苗根部放置其中，茎干贴着垂直于地面的工具主干向沙土深处下压，树苗根部就被深植进了距沙土表层约50厘米的地下。

目前，这一获得实用新型专利的工具已在多个省份使用，累计为国家节省资金超6000万元。

在中国科学院西北生态环境资源研究院沙坡头沙漠研究试验站，36个圆形的蒸渗仪整齐排列，两边设有轨道，可供移动大棚人工降雨。这是目前中国规模最大的水量平衡自动模拟监测系统，可用来研究沙漠里水和植物的科学配比，全面科学指导治沙工程。

如今，沙坡头的治沙成就显著。在一个3000亩的生态脆弱区绿色发展途径和区域综合示范区，记者看到这里已经草木丛生。两名护林员介绍说，在这片区域里已经发现了如狐狸、黄羊等稀有野生动物。

“中国魔方” 世界分享

沙坡头区迎水桥镇沙坡头村距离沙坡头景区仅一公里，借助沙坡头5A级旅游资源，该村去年入选由文化和旅游部、国家发展和改革委员会确定的第一批全国乡村旅游重点村。

记者走进沙坡头新村，黄墙红瓦的农宅，干净整洁的道路，各种果树绿意盎然，一座座小院各有特色。一家农家乐的主人告诉记者，去年农家乐收入40万元。

这家农家乐共设置了供游客用的16个标准间，房前屋后共种植了10多棵桃树、梨树、苹果树，供游客免费采摘。旅游旺季时，客房全住满。

“我们这里的村民，大部分人有两份收入，除了经营农家乐，还在景区上班，或者承包景区旅游项目。”一位村民告诉记者。

全面经营沙坡头旅游的某旅游公司负责人介绍说，目前在沙坡头附近经营农家乐的农户腰包都鼓了，一些农户开始投资相对偏远地方的旅游区开发。“沙坡头旅游资源独特，集大漠、黄河、高山、绿洲于一体，是大漠黄河风光与人类不屈不挠奋斗精神完美融合的产物。”他说。

据统计，目前中卫人已治沙 147 万亩，腾格里沙漠到宁夏中卫市的距离向后退了 20 公里。宁夏中卫人的治沙技术也迅速赢得了世界声誉。其中，麦草方格固沙法被海外誉为“中国魔方”，先后有 60 多个国家的官员、专家前来学习考察。2006 年起，商务部委托宁夏农林科学院开展针对阿拉伯国家的防沙治沙培训课程，至今共有 220 多名阿拉伯国家技术人才参加培训。

世界荒漠化治理看中国。如今，中国像中卫沙坡头这样的治沙故事、治沙方案越来越多。它们飞跃大江大河，为饱受沙尘肆虐的国家和地区的人民送去了信心和希望。

（选自《人民日报》，有删改）

4. 诗意风雨亭

⊙郭军平

对于亭子，无论是路边、山上、河边、公园里，还是伫立在文学作品里的，我都充满了敬意。这种敬意，深刻地剖析，是源于对文学的喜爱。在中国的文学作品里，亭子是一种特别的文化意象。我想大凡对于文学敏感的人，对于亭子不会不产生一种特别的情愫，不会不产生一种诗意的联想。

单说这个“亭”字，它的外形就具有一定的形象性，提到它，也许你脑海里会立即浮现出一座飞檐翘角、八面临风、玲珑精致的古典精品建筑。它也许傍山依水，也许四面临湖，也许高踞楼台，总之，亭子的存在总是会激起你很多丰富的联想。

兰亭，那座还飘散着诗意芬芳的兰亭还记得吗？在一千多年以前，暮春之初，一个天朗气清、惠风和畅的日子，在会稽山阴之旁，一群风流倜傥、潇洒自如的社会名流聚集于兰亭之上，饮酒赋诗，酬唱互答，而此时环绕在他们身后的却是满目青山、悠悠竹林，喧响在耳边的却是清清的激流，映带左右。远离了丝竹管弦，一觞一咏，仰观宇宙之大，俯察品类之盛，游目骋怀，足以极视听之娱。面对如此良辰美景，可谓人生之至乐。而在那次集会之上，是即兴而作还是盛会之后洋洋洒洒写下的那篇至今还让后生们日记月诵的千古名文《兰亭集序》，永远地记载了那场千年绝唱，那篇浸染着“书圣”手汗的名帖从此传唱千年。

兰亭，自此镌刻在了历史文化的碑石上，饮誉千年，成为千年以来士子心中的文化殿堂。

湖心亭，还记得吗？至今伫立在美丽的西湖岛上的湖心亭，千年以来，不知让多少文人墨客魂牵梦绕。西湖，本来就是文人的一个梦，那里不光留下了著名文学家白居易和苏轼的佳话和墨宝，也留下了湖心亭的佳话和文章。那位自号陶庵，别号蝶庵居士，晚号六休居士的晚明才子，以精练的笔墨记载了自己的一次西湖之游：

> 崇祯五年十二月，余住西湖。大雪三日，湖中人鸟声俱绝。是日更定矣，余拏一小舟，拥毳衣炉火，独往湖心亭看雪。雾凇沆砀，天与云与山与水，上下一白，湖上影子，惟长堤一痕，湖心亭一点，与余舟一芥，舟中人两三粒而已。

如此优美的意境，简洁的精神，可谓绝唱。

那至今因飘荡在耳旁的《醉翁亭记》而著名的醉翁亭依然美丽，那“更待菊黄家酿熟，与君一醉一陶然”的陶然亭依然可爱，那得之于“停车坐爱枫林晚，霜叶红于二月花”之诗意的爱晚亭依然璀璨，那在寒梅怒放、清香四溢的“香雪海”中隐一亭的放鹤亭依然迷人。兰亭，湖心亭，醉翁亭，陶然亭，爱晚亭，放鹤亭……一座座充满着文化符号的亭子，多少年来，挺立在风风雨雨中，挺立在沧桑岁月里，不但没有随着时光的流逝而褪去昔日的光彩，反而随着时光的流逝而愈加可贵。

元人有两句诗：“江山无限景，都聚一亭中。”亭子的建立，本身就有浓浓诗意，从王羲之于兰亭“仰观宇宙之大，俯察品类之盛”，“向之所欣，俯仰之间，已为陈迹，犹不能不以之兴怀。况修短随化，终期于尽”，到王勃于滕王阁吟唱“落霞与孤鹜齐飞，秋水共长天一色”，“天高地迥，觉宇宙之无穷；兴尽悲来，识盈虚之有数”，再到陈子昂的《登幽州台歌》“前不见古人，后不见来者，念天地之悠悠，独怆然而涕下”的千古绝唱，一篇篇佳作都显示了中国文人“胸罗宇宙，思接千古”的一个情结、一种思维方式。

亭子，那高踞于楼台，或耸立于山头，或被绿水环抱的美丽亭台，以它独有的绰约风采记载了华夏文化的瑰丽诗篇，以它独特的魅力征服了无数为它而钟情的文人墨客。亭子，那一座座风雨中挺立的亭子，必将永远挺立在中华文化的光辉篇章里。

（有删改）

整本书阅读

朝闻道

⊙刘慈欣

阅读导航

《论语》中“朝闻道，夕死可矣”这句话让人感触颇深。“道”是什么？为什么它会重要到让人愿意为之付出生命？

《朝闻道》这部科幻作品给我们提供了一种有趣的回答，作者通过科学幻想寄寓自己的认知与体验，表达自己的理想与追求。道，可以是这天地间最深的奥妙，可以是真理，可以是你遵循的人生准则，可以是你对生命的理解，可以是你选择走一条怎样的路来度过这一生……

《朝闻道》虽然看似没有《三体》构架宏大，但一鳞半爪间透露出来的仍是对宇宙整体的解读，以及对人生、人类命运的审视。作者是站在文明发展这个更大的维度上去回望现实，这为我们审视自己的“道”提供了别样视角。

科幻作品与魔幻文学不同，它依赖于科学与现实世界的逻辑性更为明显。当然，我们不能因此而抹杀了想象的作用，正是想象为科幻作品插上了翅膀，你可以从中注目现在、预见未来、反思过往。我们在阅读的时候可以检索相关科学理论、叙事学理论，也可以参考当代评论家的看法，或者做拓展性阅读，如《三体》《球状闪电》《微纪元》《乡村教师》等都是不错的选择。同时，我们应该注意对小说中人物形象塑造、小说近乎环形的艺术结构、叙述视角等进行分析，同时可以尝试利用浏览、精读与泛读相结合、比较阅读、评点批注等阅读方式。

茫茫宇宙，人类何其渺小。人生或者文明的目的究竟是什么？作者说也许是为了探索宇宙的真理，抵达认知的边界。这条路的终点真实存在吗？如果付出生命就能知晓宇宙的终极之美，那么作者已经给出了他心中的答案："朝闻道，夕死可矣。"

小说里，丁仪选择为真理献祭生命，他的女儿依然走上了这条路，人类代代如此。

故事的最后，那对母女坐在昔日曾是塔克拉玛干沙漠的草地上，女儿抬头仰望星空，星汉灿烂，她问自己的母亲一个霍金曾问过的问题："妈妈，宇宙的目的是什么？"之后，她又提出了一个问题："那么，妈妈，人生的目的是什么？"

同学们，你的答案是什么？

精彩选篇

交　换

生命和真理的交换开始了。

第一批八位数学家沿着长长的坡道向真理祭坛上走去。这时，沙漠上没有一丝风，仿佛大自然屏住了呼吸，寂静笼罩着一切，刚刚升起的太阳把他们的影子长长地投在沙漠上，那几条长影是这个凝固的世界中唯一能动的东西。

数学家们的身影消失在真理祭坛上，下面的人们看不到他们了。所有的人都凝神听着，他们首先听到祭坛上传来的排险者的声音，在死一般的寂静中，这声音很清晰：

"请提出问题。"

接着是一位数学家的声音："我们想看到费马和哥德巴赫两个猜想的最后证明。"

"好的，但证明很长，时间只够你们看关键的部分，其余用文字说明。"

排险者是如何向科学家们传授知识的，以后对人类一直是个谜。在远处的监视飞机上拍下的图像中，科学家们都在仰起头看着天空，而他们看的方向上空无一物。一个普遍被接受的说法是：外星人用某种思维波把信息直接输入到他们的大脑中。但实际情况比那要简单得多：排险者把信息投射在天空上，在真理祭坛上的人看来，整个地球的天空变成了一个显示屏，而在祭坛之外的角度什么都看不到。

一个小时过去了，真理祭坛上有个声音打破了寂静，有人说："我们看完了。"

接着是排险者平静的回答："你们还有十分钟的时间。"

真理祭坛上隐隐传来了多个人的交谈声，只能听清只言片语，但能清楚地感受到那些人的兴奋和喜悦，像是一群在黑暗的隧道中跋涉了一年的人突然看到了洞口的光亮。

"……这完全是全新的……""……怎么可能……""……我以前在直觉上……""……天啊，真是……"

当十分钟就要结束时，真理祭坛上响起了一个清晰的声音："请接受我们八个人真诚的谢意。"

真理祭坛上闪起一片强光，强光消失后，下面的人们看到八个等离子体火球从祭坛上升起，轻盈地向高处飘升，它们的光度渐渐减弱，由明亮的黄色变成柔和的橘红色，最后一个接一个地消失在蓝色的天空中，整个过程悄无声息。从监视飞机上看，真理祭坛上只剩下排险者站在圆心。

“下一批！”他高声说。

在上万人的凝视下，又有十一个人走上了真理祭坛。

“请提出问题。”

“我们是古生物学家，想知道地球上恐龙灭绝的真正原因。”

古生物学家们开始仰望长空，但所用的时间比刚才数学家们短得多，很快有人对排险者说：“我们知道了，谢谢！”

“你们还有十分钟。”

“……好了，七巧板对上了……”“……做梦也不会想到那方面去……”“……难道还有比这更……”

然后强光出现又消失，十一个火球从真理祭坛上飘起，很快消失在沙漠上空。

…………

一批又一批的科学家走上真理祭坛，完成了生命和真理的交换，在强光中化为美丽的火球飘逝而去。

一切都在庄严与宁静中进行，真理祭坛下面，预料中生离死别的景象并没有出现，全世界的人们静静地看着这壮丽的景象，心灵被深深地震撼了，人类在经历着一场有史以来最大的灵魂洗礼。

一个白天的时间不知不觉过去了，太阳已在西方地平线处落下了一半，夕阳给真理祭坛洒上了一层金辉。物理学家们开始走向祭坛，他们是人数最多的一批，有八十六人。就在这一群人刚刚走上坡道时，从日出时一直持续到现在的寂静被一个童声打破了。

“爸爸！”文文哭喊着从草坪上的人群中冲出来，一直跑到坡道前，冲进那群物理学家中，抱住了丁仪的腿，“爸爸，我不让你变成火球飞走！”

丁仪轻轻抱起了女儿，问她：“文文，告诉爸爸，你能记起来的最让自己难受的事是什么？”

文文抽泣着想了几秒钟，说：“我一直在沙漠里长大，最……最想去动物园，上次爸爸去南方开会，带我去了那边的一个大大的动物园，可刚进去，你的电话就响了，说工作上有急事，那是个天然动物园，小孩儿一定要大人们带着才能进去，我也只好跟你回去了，后来你再也没时间带我去。爸爸，这是最让我难受的事儿，在回来的飞机上我一直哭。”

丁仪说：“但是，好孩子，那个动物园你以后肯定有机会去，妈妈以后会带文文去的。爸爸现在也在一个大动物园的门口，那里面也有爸爸做梦都想看到的神奇的东西，而爸爸如果这次不去，以后真的再也没机会了。”

文文用泪汪汪的大眼睛呆呆地看了爸爸一会儿，点点头说：“那……那爸爸就去吧。”

方琳走过来，从丁仪怀中抱走了女儿，眼睛看着前面矗立的真理祭坛说："文文，你爸爸是世界上最坏的爸爸，但他真的很想去那个动物园。"

丁仪两眼看着地面，用近乎祈求的声调说："是的文文，爸爸真的很想去。"

方琳用冷冷的目光看着丁仪说："冷血的基本粒子，去完成你最后的碰撞吧，记住，我绝不会让你女儿成为物理学家的！"

…………

物理学家们走上了真理祭坛那圆形的顶面，在圆心，排险者微笑着向他们致意。突然间，映着晚霞的天空消失了，地平线处的夕阳消失了，沙漠和草地都消失了，真理祭坛悬浮于无际的黑色太空中，这是创世前的黑夜，没有一颗星星。排险者挥手指向一个方向，物理学家们看到在遥远的黑色深渊中有一颗金色的星星，它开始小得难以看清，后来由一个亮点渐渐增大，开始具有面积和形状，他们看出那是一个向这里飘来的旋涡星系。星系很快增大，显出它磅礴的气势。距离更近一些后，他们发现星系中的恒星都是数字和符号，它们组成的方程式构成了这金色星海中的一排排波浪。

宇宙大统一模型缓慢而庄严地从物理学家们的上空移过。

…………

当八十六个火球从真理祭坛上升起时，方琳眼前一黑倒在草地上，她隐约听到文文的声音：

"妈妈，那些哪个是爸爸？"

最后一个上真理祭坛的人是史蒂芬·霍金，他的电动轮椅沿着长长的坡道慢慢向上移动，像一只在树枝上爬行的昆虫。他那仿佛已抽去骨骼的绵软的身躯瘫陷在轮椅中，像一支在高温中变软且即将熔化的蜡烛。

轮椅终于驶上祭坛，在空旷的圆面上驶到了排险者面前。这时，太阳落下了一段时间，暗蓝色的天空中有零星的星星出现，祭坛周围的沙漠和草地模糊了。

“博士，您的问题？”排险者问，对霍金，他似乎并没有表示出比对其他人更多的尊重，他面带着毫无特点的微笑，听着博士轮椅上的扩音器中发出的呆板的电子声音：

“宇宙的目的是什么？”

天空中没有答案出现，排险者脸上的微笑消失了，他的双眼中掠过了一丝不易觉察的恐慌。

“先生？”霍金问。

仍是沉默，天空仍是一片空旷，在地球的几缕薄云后面，宇宙的群星正在涌现。

“先生？”霍金又问。

“博士，出口在您后面。”排险者说。

“这是答案吗？”

排险者摇摇头：“我是说您可以回去了。”

“你不知道？”

排险者点点头说：“我不知道。”这时，他的面容第一次不仅是一个人类符号，一阵悲哀的黑云涌上这张脸，这悲哀表现得那样生动和富有个性，这时谁也不怀疑他是一个人，而且是一个最平常因而最不平常的普通人。

“我怎么知道。”排险者喃喃地说。

尾　声

十五年之后的一个夜晚，在已被变成草原的昔日的塔克拉玛干沙漠上，有一对母女正在交谈。母亲四十多岁，但白发已过早出现在她的双鬓，从那饱经风霜的双眼中透出的，除了忧伤就是疲倦。女儿是一位苗条的少女，大而清澈的双眸中映着晶莹的星光。

母亲在柔软的草地上坐下来，两眼失神地看着模糊的地平线说：“文文，你当初报考你爸爸母校的物理系，现在又要攻读量子引力专业的博士学位，妈都没拦你。你可以成为一名理论物理学家，甚至可以把这门学科当作自己唯一的精神寄托，但，文文，妈求你了，千万不要越过那条线啊！”

文文仰望着灿烂的银河，说：“妈妈，你能想象，这一切都来自二百亿年前一个没有大小的奇点吗？宇宙早就越过那条线了。”

方琳站起来，抓着女儿的肩膀说：“孩子，求你别这样！”

文文双眼仍凝视着星空，一动不动。

“文文，你在听妈妈说话吗？你怎么了?！”方琳摇晃着女儿，文文的目光仍被星海吸引收不回来，她盯着群星问：

“妈妈，宇宙的目的是什么？”

“啊……不——”方琳彻底崩溃了，又跌坐在草地上，双手捂着脸抽泣着，“孩子，别，别这样！”

文文终于收回了目光，蹲下来扶着妈妈的双肩，轻声问道：“那么，妈妈，人生的目的是什么？”

这个问题像一块冰，使方琳灼烧的心立刻冷了下来，她扭头看了女儿一眼，然后看着远方深思。十五年前，就在她看着的那个方向，曾矗立过真理祭坛，再远些，爱因斯坦赤道曾穿过沙漠。

微风吹来，草海上涌起道道波纹，仿佛是星空下无际的骚动的人海，向整个宇宙无声地歌唱着。

“不知道，我怎么知道呢？”方琳喃喃地说。

阅读规划

《朝闻道》篇幅不长，但在阅读过程中，同学们会发现其知识之密集、思考之深入的特点。阅读科幻小说需要打开你的想象，请同学们用浏览与精读相结合的方式阅读这部小说，并挑选你喜欢的部分，完成下列阅读卡片，重点填写“我的感悟”部分。

阅读时间	阅读内容	情节概述	我的感悟

（续表）

阅读时间	阅读内容	情节概述	我的感悟

交流平台

同学们在阅读时不妨思考以下问题，可以小组讨论，也可以自己制作读书卡片或写读书笔记。

问题一：作者在《朝闻道》中呈现了不同人物对于真理求索的态度以及在真理祭坛前的反应，你对哪一位印象最深，有何感触？可以和同学们组织一次读书交流会。

提示：1. 用浏览与精读相结合的方式阅读，对自己感兴趣的人物做深入细致的分析。

2. 思考：是什么造成了他们不同的看法与选择？

问题二：好的作品自成格局。在《朝闻道》中，可以读到关于人类的认知边界、宇宙、家园与未来、真理与生命等内容。阅读的时候，你可以找一找文中的相关细节，看看作者通过这些细节呈现出怎样的内心世界，传递给我们怎样的理解和思考。

提示：1. 可以采用小组研讨的方式，然后组织班级读书报告会进行交流。

2. 这个问题没有固定的答案。刘慈欣是将目光移向宇宙，并且想象超越人类文明目前的发展阶段来审视生命的追求和价值。

问题三：文中如“爱因斯坦赤道”“真空衰变”“奇点”“加速器”这样的科学名词，阅读时，你是怎么处理的呢？

敬启

为编好这本书，我们与收入本书的作品（含图片）作者进行了广泛联系，得到了各位作者的大力支持。在此，我们表示衷心的感谢。但是，由于个别作者地址不详，虽经多方努力，仍无法取得联系。敬请各位有著作权的作者尽快与我们联系，以便我们支付稿酬，并致谢忱！

我们还要感谢使用本书的师生们。希望你们在使用本书的过程中，能够及时把意见和建议反馈给我们，对此，我们深表谢意，并将给予一定奖励。让我们携起手来，共同完成本书的建设工作。

联 系 人：梁老师　刘老师

联系电话：010-58022100-6362

联系邮箱：ztxx2008@sina.com

网　　址：http://www.ywztxx.com

地　　址：北京市海淀区知春路7号致真大厦A座18层

图书在版编目（CIP）数据

家国情怀 / 任建欣主编. — 上海：上海教育出版社, 2021.12

ISBN 978-7-5720-0816-0

Ⅰ. ①家… Ⅱ. ①任… Ⅲ. ①阅读课—初中—教学参考资料 Ⅳ. ①G634.333

中国版本图书馆CIP数据核字（2021）第260853号

责任编辑　朱剑茂
封面设计　陈丽娟　王艺霖
著作权人　北京华樾教育科技有限公司

家国情怀

任建欣　主编

出版发行　上海教育出版社有限公司
官　　网　www.seph.com.cn
地　　址　上海市闵行区号景路159弄C座
邮　　编　201101
印　　刷　河北泓景印刷有限公司
开　　本　720×1010　1/16　印张 66
字　　数　900千字
版　　次　2021年12月第1版
印　　次　2021年12月第1次印刷
书　　号　ISBN 978-7-5720-0816-0/G·0632
定　　价　268.00元（全六册）

如发现质量问题，请向本社调换　021-64373213